住房和城乡建设部“十四五”规划教材
高等职业教育活页式系列教材

道路工程施工

张艳红　主　编
刘　芳　沈　义　李宝昌　李　伟　副主编
边喜龙　主　审

中国建筑工业出版社

图书在版编目（CIP）数据

道路工程施工 / 张艳红主编；刘芳等副主编 . —
北京：中国建筑工业出版社，2022.8
住房和城乡建设部“十四五”规划教材　高等职业教育活页式系列教材
ISBN 978-7-112-27530-4

Ⅰ. ①道…　Ⅱ. ①张…②刘…　Ⅲ. ①道路施工—高等职业教育—教材　Ⅳ. ① U415

中国版本图书馆 CIP 数据核字（2022）第 100701 号

本书共分为 6 个项目，主要内容包括：中国道路发展史、施工放样、路基施工、基（垫）层施工、沥青混凝土路面施工、水泥混凝土路面施工。

本书为活页式教材，以主要知识点作为教师讲授内容，以实际施工案例作为学生辅助学习内容，并配有数字资源。对重要的任务配有施工作业指导书和实际施工现场录像，便于加深对施工要点的理解。每个任务后面均配有作业，重要的任务后面配有编制施工方案的作业。

本书可作为职业院校市政工程技术、道路桥梁工程技术专业的教材，也可作为成人教育培训教材及道路桥梁工程技术人员学习参考书。

为了更好地支持相应课程的教学，我们向采用本书作为教材的教师提供课件，有需要者可与出版社联系。建工书院：http：//edu.cabplink.com，邮箱：jckj@cabp.com.cn，2917266507@qq.com，电话：（010）58337285。

责任编辑：聂　伟　王美玲　吕　娜
责任校对：张　颖

住房和城乡建设部“十四五”规划教材
高等职业教育活页式系列教材
道路工程施工
张艳红　主　编
刘　芳　沈　义　李宝昌　李　伟　副主编
边喜龙　主　审
*
中国建筑工业出版社出版、发行（北京海淀三里河路 9 号）
各地新华书店、建筑书店经销
北京雅盈中佳图文设计公司制版
北京市密东印刷有限公司印刷
*
开本：787 毫米 ×1092 毫米　1/16　印张：$10\frac{1}{2}$　字数：212 千字
2022 年 8 月第一版　2022 年 8 月第一次印刷
定价：**45.00** 元（附数字资源及赠教师课件）
ISBN 978-7-112-27530-4
（39692）

出版说明

党和国家高度重视教材建设。2016年，中办国办印发了《关于加强和改进新形势下大中小学教材建设的意见》，提出要健全国家教材制度。2019年12月，教育部牵头制定了《普通高等学校教材管理办法》和《职业院校教材管理办法》，旨在全面加强党的领导，切实提高教材建设的科学化水平，打造精品教材。住房和城乡建设部历来重视土建类学科专业教材建设，从“九五”开始组织部级规划教材立项工作，经过近30年的不断建设，规划教材提升了住房和城乡建设行业教材质量和认可度，出版了一系列精品教材，有效促进了行业部门引导专业教育，推动了行业高质量发展。

为进一步加强高等教育、职业教育住房和城乡建设领域学科专业教材建设工作，提高住房和城乡建设行业人才培养质量，2020年12月，住房和城乡建设部办公厅印发《关于申报高等教育职业教育住房和城乡建设领域学科专业“十四五”规划教材的通知》（建办人函〔2020〕656号），开展了住房和城乡建设部“十四五”规划教材选题的申报工作。经过专家评审和部人事司审核，512项选题列入住房和城乡建设领域学科专业

“十四五”规划教材（简称规划教材）。2021 年 9 月，住房和城乡建设部印发了《高等教育职业教育住房和城乡建设领域学科专业“十四五”规划教材选题的通知》（建人函〔2021〕36 号）。为做好“十四五”规划教材的编写、审核、出版等工作，《通知》要求：（1）规划教材的编著者应依据《住房和城乡建设领域学科专业“十四五”规划教材申请书》（简称《申请书》）中的立项目标、申报依据、工作安排及进度，按时编写出高质量的教材；（2）规划教材编著者所在单位应履行《申请书》中的学校保证计划实施的主要条件，支持编著者按计划完成书稿编写工作；（3）高等学校土建类专业课程教材与教学资源专家委员会、全国住房和城乡建设职业教育教学指导委员会、住房和城乡建设部中等职业教育专业指导委员会应做好规划教材的指导、协调和审稿等工作，保证编写质量；（4）规划教材出版单位应积极配合，做好编辑、出版、发行等工作；（5）规划教材封面和书脊应标注“住房和城乡建设部‘十四五’规划教材”字样和统一标识；（6）规划教材应在“十四五”期间完成出版，逾期不能完成的，不再作为《住房和城乡建设领域学科专业“十四五”规划教材》。

住房和城乡建设领域学科专业“十四五”规划教材的特点，一是重点以修订教育部、住房和城乡建设部“十二五”“十三五”规划教材为主；二是严格按照专业标准规范要求编写，体现新发展理念；三是系列教材具有明显特点，满足不同层次和类型的学校专业教学要求；四是配备了数字资源，适应现代化教学的要求。规划教材的出版凝聚了作者、主审及编辑的心血，得到了有关院校、出版单位的大力支持，教材建设管理过程有严格保障。希望广大院校及各专业师生在选用、使用过程中，对规划教材的编写、出版质量进行反馈，以促进规划教材建设质量不断提高。

住房和城乡建设部“十四五”规划教材办公室

2021 年 11 月

前言

本书力求打破传统教材罗列全部知识点的编制方法，采用列出重点知识点，再从实际施工案例和施工作业指导书入手，加深理解和掌握全部知识点。其目的是以教师讲解为引导，以学生自我学习为主，从而培养学生的学习能力和实际工作能力，同时也便于指导道桥技术人员操作。

本书由黑龙江建筑职业技术学院张艳红主编，黑龙江建筑职业技术学院边喜龙主审。具体编写分工为：项目 1 由黑龙江建筑职业技术学院李宝昌编写；项目 2 和项目 3 由黑龙江建筑职业技术学院张艳红编写；项目 4 由广西交通技师学院李伟编写；项目 5 由广西交通技师学院刘芳编写；项目 6 由黑龙江建筑职业技术学院沈义编写。黑龙江省龙建路桥股份有限公司刘晓虹等提供了大量的资料，在此表示诚挚的谢意！

本书的编写得到了有关领导和专家的大力支持和帮助，还参考和引用了有关部门、单位和个人的资料，在此一并表示感谢。

限于编写人员水平，书中定有不妥之处，恳请广大读者批评指正。

目　录

二维码索引

项目 1

中国道路发展史

【教学目标】

1. 了解中国道路的发展历史；
2. 了解近年来中国道路的快速发展。

我国公路发展大致经历了四个阶段，分别是：第一阶段：从中华人民和国成立初期至 1978 年；第二阶段：从 1978~1985 年；第三阶段：“七五”时期；第四阶段：“八五”到目前。

中华人民共和国成立初期，建立了公路管理机构，以及设计、施工和养护的专业队伍，同时颁布了一系列重要的法律法规，对公路留地办法、公路养护办法、动员民工整修公路办法、养路费征收办法等作出了明确规定。1962 年，公路建设进入调整、巩固、充实、提高的阶段，恢复并完善了若干基本政策和制度，调整并健全了公路机构和建设队伍，实验并推广了渣油路面的技术成果。1966~1978 年的 12 年间，渣油路面发展较快；还相应地改善了线路标准，国防边防公路建设和县社公路建设也有不少进展。

1978~1985 年，我国正值社会主义经济建设新时代，对公路建设进行了改革和提高。期间，恢复并改革了各项规章制度，加强养护，扭转了路况下降的局面，对原有已超龄使用的渣油路面进行了及时的维修和补强。

“七五”时期，首次明确提出汽车专用公路的概念，国家开始较大规模地建设汽车专用公路，建成了沈阳至大连、上海至嘉定等共 600 多千米高速公路，实现了我国大陆高速公路零的突破。

“八五”到目前，高等级公路通车里程增长迅速，已经形成以高速公路为主的高等级干线公路网。加快建设国道主干线系统以外交通特别繁忙的其他高等级公路，改善和提高边境口岸公路标准。农村公路稳步推进，基本做到了村村通道路。

我国高速公路发展大致经历了两个阶段：

第一阶段：起步建设阶段（1988~1997 年）

1988 年，上海至嘉定高速公路建成通车，结束了中国大陆没有高速公路的历史。

1990 年，被誉为“神州第一路”的沈大高速公路全线建成通车。

1992 年，交通部制定了“五纵七横”国道主干线规划并付诸实施。

1993 年，京津塘高速公路的建成，使我国拥有了第一条利用世界银行贷款建设的、跨省市的高速公路。

1997 年底，我国高速公路通车里程达到 4771km，10 年间年均增长 477km。

第二阶段：快速发展阶段（1998 年至今）

1998 年至今，高速公路建设进入了快速发展时期，年均通车里程超过 4000km，年均完成投资 1400 亿元。

2002 年底，我国高速公路通车里程一举突破 2.5 万 km，位居世界第二位。

2004 年底，我国高速公路通车里程已超过 3.4 万 km，继续保持世界第二。

我国从起步到高速公路通车 1 万 km，用了 12 年时间，从 1 万 km 到 2 万 km，只用了 4 年时间，从 2 万 km 到 3 万 km，只用了 2 年时间。中国高速公路的发展创造了世界瞩目的速度。

近几年全国公路总里程及公路密度均呈现快速增长趋势，2019 年全国公路总里程达 501.25 万 km（图 1–1），公路密度为 $52.21km/100km^2$。全国四级及以上等级公路里程占比逐年提高，从 2015 年的 88.4% 提升至 2019 年的 93.7%，其中高速公路总里程达 14.96 万 km（图 1–2），占比从 2015 年的 2.7% 提升至 2019 年的 3.0%，国家高速公路里程 10.86 万 km。

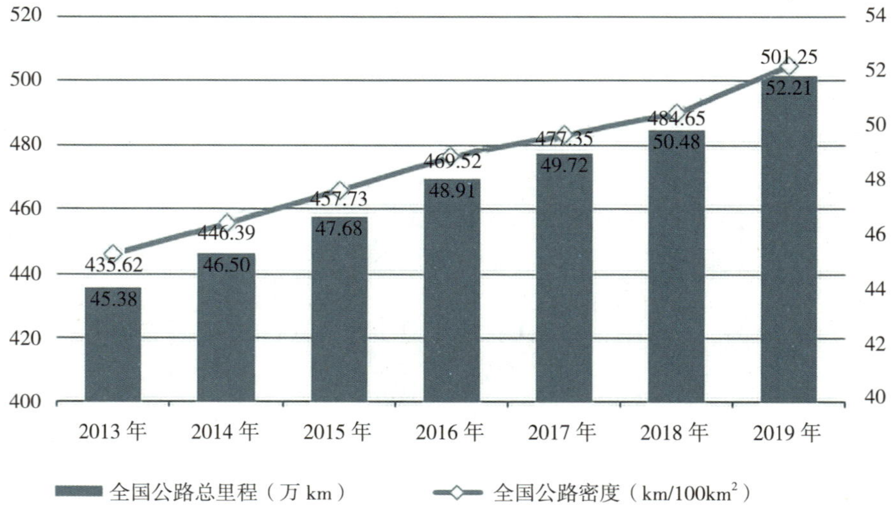

图 1–1　2013~2019 年全国公路总里程及公路密度

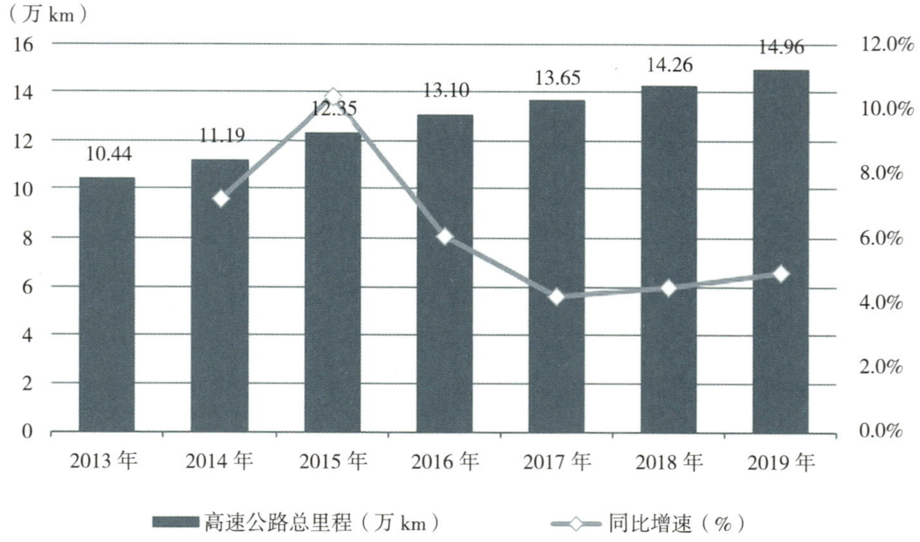

图 1–2　2013~2019 年全国高速公路总里程

作为国民经济建设的重要基础设施，公路在我国经济的发展中扮演着重要的角色，高难度、高技术含量公路（图 1-3）为提高人民生活质量，促进经济快速发展，提供重要的保障。

图 1-3　张家界天门山盘山公路

作业

年　　月　　日

项目名称	中国道路发展史		任务名称		
班　　级		姓　　名		学　　号	

备注：

谈谈你对我国道路发展成就的看法及如何为祖国的道路事业贡献力量。

项目 2

施工放样

【教学目标】

1. 掌握施工放样工具的使用方法；
2. 能独立进行路线中线的施工放样；
3. 热爱并胜任测量工作，成为合格的测量员。

任务 2.1 施工放样的工具

【教学目标】

1. 了解施工放样工具的种类；
2. 掌握施工放样工具的适用范围；
3. 掌握施工放样工具的使用方法；
4. 展望施工放样工具的发展方向。

码 2-1 施工放样的工具

2.1.1 全站仪

图 2-1 全站仪

全站仪（图 2-1），即全站型电子测距仪，是一种集光学、机械、电子为一体的高技术测量仪器，具有水平角、垂直角、距离（斜距、平距）、高差测量功能。因其安置一次仪器就可完成该测站上全部测量工作，所以称为全站仪，广泛用于地上大型建筑和地下隧道施工等精密工程测量或变形监测。

2.1.2 水准仪

水准仪（图 2–2），是通过水平视线测定地面两点间高差的仪器。其是根据水准测量原理测量地面点间高差，主要部件有望远镜（目镜、物镜）、管水准器（或补偿器）、垂直轴、光学瞄准镜、圆水准气泡、水平微动手轮、基座、脚螺旋等。其按结构分为微倾水准仪、自动安平水准仪、激光水准仪和数字水准仪（又称电子水准仪）；按精度分为精密水准仪和普通水准仪。

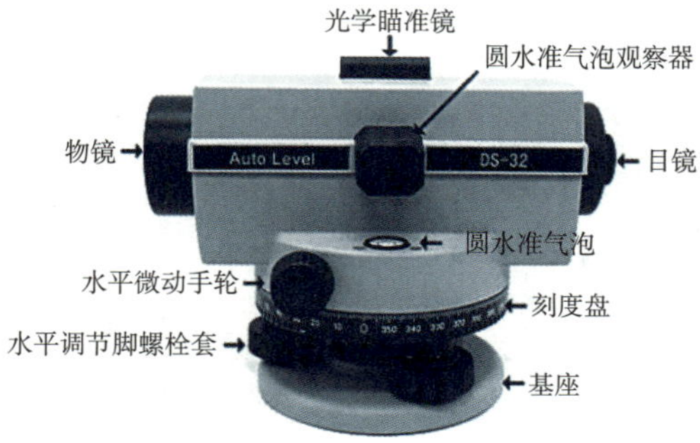

图 2–2 水准仪

2.1.3 经纬仪

经纬仪（图 2–3），是一种根据测角原理设计的测量水平角和竖直角的测量仪器，分为光学经纬仪和电子经纬仪两种，最常用的是电子经纬仪。经纬仪主要部件有照准部（目镜、物镜）、操作面板、通信端口、垂直微动螺旋、垂直制动螺旋、水平微动螺旋、基座锁紧钮、脚螺旋、基座等。

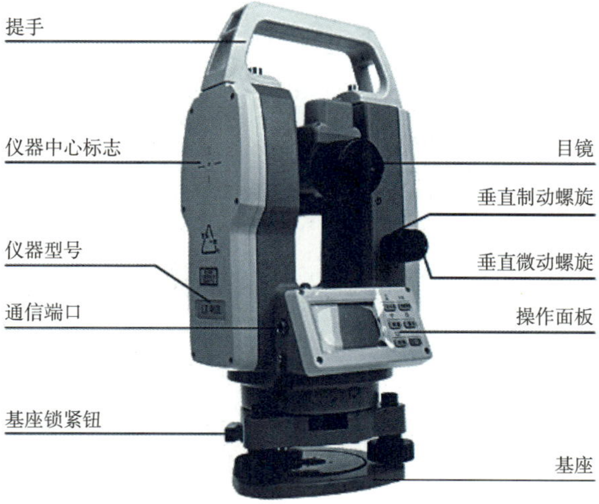

图 2–3 经纬仪

2.1.4 GPS

GPS（图 2–4），指全球定位系统，是中距离圆形轨道卫星导航系统。其可以为地球表面绝大部分地区（98%）提供准确的定位、测速和高精度的标准时间，可满足位于全球地面任何一处或近地空间的用户连续且精确地确定三维位置、三维运动和时间的需求。民用 GPS 也可以达到 10m 的定位精度。

图 2–4　GPS

2.1.5 钢尺

钢尺（图 2–5），是日常生活中常用的工具。目前常见的是钢卷尺，在建筑和装修中常用，也是家庭必备工具之一。其分为纤维卷尺、皮尺、腰围尺等。鲁班尺、风水尺、文公尺同样也属于钢卷尺。

图 2–5　钢尺

2.1.6 案例——全站仪的使用方法及应用

全站仪上半部分包含测量的四大光电系统，即水平角测量系统、竖直角测量系统、水平补偿系统和测距系统。通过键盘可以输入操作指令、数据和设置参数。以上各系统通过 I/O 接口接入总线，与微处理机联系起来。

微处理机是全站仪的核心部件，主要由寄存器系列（缓冲寄存器、数据寄存器、指令寄存器）、运算器和控制器组成。微处理机的主要功能是根据键盘指令启动仪器进行测量工作，执行测量过程中的检核和数据传输、处理、显示、储存等工作，保证整个光电测量工作有条不紊地进行。输入输出设备是与外部设备连接的装置（接口），其使全站仪能与磁卡和微处理机等设备交互通信、传输数据。

1. 概况

电磁波测距按测程可分为短程（< 3km）、中程（3~15km）和远程（> 15km）；按测距精度可分为 Ⅰ 级（5mm）、Ⅱ 级（5~10mm）和 Ⅲ 级（> 10mm）；按载波来分，采用微波段的电磁波作为载波的称为微波测距仪，采用光波作为载波的称为光电测距仪。光电测距仪所使用的光源有激光光源和红外光源（普通光源已淘汰），采用红外线波段作为载波的称为红外光电测距仪。由于红外光电测距仪是以发光二极管所发的荧光作为载波源，发出的红外线的强度能随注入电信号的强度而变化，因此，其兼有载波源和调制器的双重功能。GaAs 发光二极管体积小，亮度高，功耗小，寿命长，且能连续发光，所以红外光电测距仪取得了更为迅速的发展。本节讨论的即为红外光电测距仪。

2. 测距原理

欲测定 A、B 两点间的距离 D，安置仪器于 A 点，安置反射镜于 B 点。仪器发射的光束由 A 至 B，经反射镜反射后又返回到仪器。设光速 c 已知，如果光束在待测距离 D 上往返传播的时间已知，则距离 D 可由下式求出。

$$D=\frac{1}{2}ct \tag{2-1}$$

$$c=c_0/n \tag{2-2}$$

式中 c——空气中的光速值；

c_0——真空中的光速值，其值为 299792458m/s；

t——反射时间；

n——大气折射率，与测距仪所用光源的波长、测线上的气温、气压和湿度有关。

测定距离的精度，主要取决于测定时间的精度，例如，要求保证 ±1cm 的测距精度，时间测定要求准确到 6.7×10^{-11}s，这是难以做到的。因此，大多采用间接测定法测定。间接测定的方法有下列两种：

（1）脉冲式测距

由测距仪的发射系统发出光脉冲，经被测目标反射后，再由测距仪的接收系统接收，测出这一光脉冲往返所需时间间隔的时钟脉冲的个数以求得距离 D。由于计数器的频率一般为 300MHz（3×10^8Hz），测距精度为 0.5m，故精度较低。

（2）相位式测距

由测距仪的发射系统发出一种连续的调制光波，测出该调制光波在测线上往返传播所产生的相位移，以测定距离 D。红外光电测距仪一般都采用相位测距法。

在发光二极管上加了频率为 f 的交变电压（即注入交变电流）后，其发出的光强就随注入的交变电流呈正弦变化，这种光称为调制光。测距仪在 A 点发出的调制光在待测距离上传播，经反射镜反射后被接收器所接收，然后用相位计将发射信号与接收信号进行相位比较，由显示器显出调制光在待测距离往返传播所引起的相位移 ϕ。

3. 全站仪的操作与使用

不同型号的全站仪，其具体操作方法会有较大的差异。下面简要介绍全站仪的基本操作与使用方法。

（1）水平角测量

1）按角度测量键，使全站仪处于角度测量模式，照准第一个目标 A。

2）设置 A 方向的水平度盘读数为 $0°00'00''$。

3）照准第二个目标 B，此时显示的水平度盘读数即为两方向间的水平夹角。

（2）距离测量

1）设置棱镜常数

测距前须将棱镜常数输入仪器，仪器会自动对所测距离进行改正。

2）设置大气改正值或气温、气压值

光在大气中的传播速度会随大气的温度和气压而变化，15℃和760mmHg是仪器设置的一个标准值，此时的大气改正值为0ppm。实测时，可输入温度和气压值，全站仪会自动计算大气改正值（也可直接输入大气改正值），并对测距结果进行改正。

3）量仪器高、棱镜高并输入全站仪

4）距离测量

照准目标棱镜中心，按测距键，距离测量开始，测距完成时显示斜距、平距、高差。

全站仪的测距模式有精测模式、跟踪模式、粗测模式三种。精测模式是最常用的测距模式，测量时间约2.5s，最小显示单位为1mm；跟踪模式，常用于跟踪移动目标或放样时连续测距，最小显示单位一般为1cm，每次测距时间约0.3s；粗测模式，测量时间约0.7s，最小显示单位为1cm或1mm。在距离测量或坐标测量时，可按测距模式（MODE）键选择不同的测距模式。应注意，有些型号的全站仪在距离测量时不能设定仪器高和棱镜高，显示的高差值是全站仪横轴中心与棱镜中心的高差。

（3）坐标测量

1）设定测站点度盘读数为其方位角。当设定后视点的坐标时，全站仪会自动计算后视方向的方位角，并设定后视方向的水平度盘读数为其方位角。

2）设置棱镜常数。

3）设置大气改正值或气温、气压值。

4）量仪器高、棱镜高并输入全站仪。

5）照准目标棱镜，按坐标测量键，全站仪开始测距并计算显示测点的三维坐标。

作业

年　　月　　日

项目名称	施工放样		任务名称	施工放样的工具	
班　　级		姓　　名		学　　号	

备注：

一、简答题

1. 常见的施工放样工具有哪些？作用分别是什么？

2. 全站仪显示屏包括哪三部分？

二、选择题

1. 使用经纬仪，要看清楚目标，转动（　　）。

A. 目镜对光螺旋　　B. 物镜对光螺旋

C. 制动螺旋　　D. 微动螺旋

2. 水准仪转动目镜对光螺旋的目的是（　　）。

A. 看清十字丝　　B. 看清远处目标

C. 消除视差　　D. 固定物体

任务 2.2 路线中线施工放样

【教学目标】

1. 理解路线中线施工放样的概念；
2. 掌握用导线点进行中线放样的具体做法；
3. 掌握利用全站仪进行中线放样；
4. 掌握利用路线控制桩进行中线放样；
5. 熟悉测量员的职责。

路线中线的施工放样就是利用测量仪器和设备，按设计图纸中的各项元素（如公路平、纵、横元素）和控制点坐标（或路线控制桩），将公路的中心线准确无误地放样到实地，以指导施工作业。在路基开工前，应进行全段中线放样并固定路线主要控制桩。高速公路、一级公路宜采用坐标法进行测量放样。在进行中线放样时，应注意路线中线与结构物中心、相邻施工段的中线闭合，若发现问题应及时查明原因，进行处理。

路线中线的施工放样一般有 3 种方法，即利用导线点进行中线放样，利用全站仪进行中线放样和利用路线控制桩（交点桩、转点桩）进行中线放样。

2.2.1 利用导线点进行中线放样

利用导线点进行中线放样时，放样精度能够得到充分的保障。二级及二级以上公路必须采用导线点放样中线。

1. 导线点的检测、补测及移位

施工现场的导线点是测设单位在进行路线设计时埋设的，期间还要经历设计、招标投标等一系列活动，往往要经过很长一段时间才能施工。在这段时间内，导线点可能会移位，精度可能会发生变化，因此，需要对其进行检测。另外，由于人为或其他原因，导线点可能会丢失或遭到破坏，因此，也要对其进行补测。还有的导线点在路基范围以内，需要将其移至路基范围以外。只有当这一切都完成并且准确无误时，才能进行施工放样工作。

（1）导线点的检测

导线点的检测主要是检查其坐标是否正确。导线点的检测方法如图 2-6 所示，图中导线点 1、2、…、n、n+1 为已知的导线点（在标段起始端一定注意与相邻标段的衔接），坐标数据由监理工程师提供。

导线点的检测分为测站检测和测段检测。测站检测主要是检查相邻导线点之间的相对关系（角度、距离）与反算值的差值是否在误差容许的范围内。

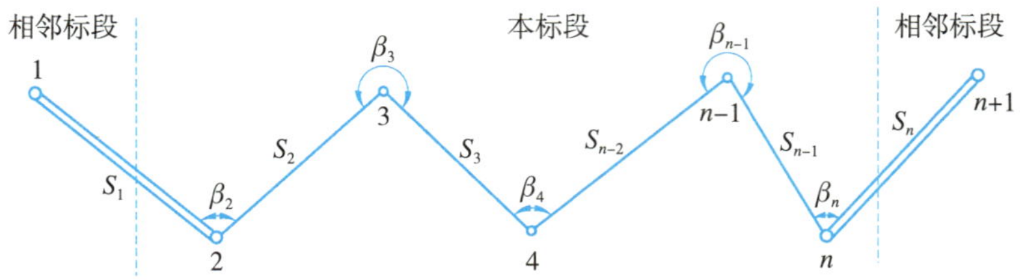

图 2-6　导线点检测方法

测段检测是在实测导线点转角和导线长的基础上，按测段全长对应的导线等级进行导线点的平差计算。

1）测站检测

测站检测的具体步骤如下：

第一步：根据导线点 1~n+1 的坐标（图纸提供的坐标数据）反算转角 β 和导线边长 S。首先计算出各条导线的坐标方位角（沿导线前进方向），再计算出导线的转角。若转角为左角，则 $\beta_{左}=\alpha_{前}-\alpha_{后}+180°$；若转角为右角，则 $\beta_{右}=\alpha_{后}-\alpha_{前}+180°$。导线边长的计算公式为：

$$S_{i,\ i+1}=\sqrt{(X_{i+1}-X_i)^2+(Y_{i+1}-Y_i)^2} \tag{2-3}$$

式中　$S_{i,\ i+1}$——路线导线点 i 至点 i+1 的边长理论值；

X_i、Y_i——导线点 i 的坐标；

X_{i+i}、Y_{i+1}——导线点 i+1 的坐标。

第二步：实地观测各转角 $\bar{\beta}_{i+1}$ 及导线边长 $\bar{S}_{i,\ i+1}$，当观测值与计算值满足式（2-4）和式（2-5）时，认为点的平面坐标和位置是正确的。施工单位可以利用现场的导线及图纸提供的每个导线点的坐标数据进行平面点位的放样。通常以 2 倍中误差作为偶然误差的极限值。

$$|\beta_{i+1}-\bar{\beta}_{i+1}| \leqslant 2m_{\beta}=16'' \tag{2-4}$$

式中　β_{i+1}——路线导线点 i+1 的转角理论值；

$\bar{\beta}_{i+1}$——路线导线点 i+1 的转角实测值；

m_{β}——转角 β 的中误差，此处取导线测量等级为二级，测量中误差取 8″。

$$\left|\frac{S_{i,\ i+1}-\bar{S}_{i,\ i+1}}{S_{i,\ i+1}}\right| \leqslant \frac{1}{10000} \tag{2-5}$$

式中　$\bar{S}_{i,\ i+1}$——路线导线点 i 至点 i+1 的边长实测值。

2）测段检测

在测站检测的基础上，若要使平面放样更加精确，则还要把整条导线作为附合导线进行导线测量，并按对应的导线等级的方位角闭合差和全长相对闭合差的精度要求进行控制，计算出导线点 2、3、…、n 的坐标。

测段检测的具体步骤如下（按二级导线精度介绍）。

第一步：计算角度闭合差。附合导线首尾各有一条已知坐标方位角的边，称为始边和终边。根据始边的坐标方位角 $\alpha_{始}$ 和实测的导线各转折角，推算终边的坐标方位角 $\alpha'_{终}$，然后与已知的终边坐标方位角 $\alpha_{终}$比较，二者之差（由于测角存在误差，二者必不相等）即为附合导线的角度闭合差 f_β。

$$f_\beta=\alpha'_{终}-\alpha_{终}=(\alpha_{终}-\alpha_{始})\pm\sum\beta+n\cdot180° \tag{2-6}$$

$$f_\beta\leqslant f_{\beta容}=\pm16\sqrt{n} \tag{2-7}$$

式中　n——测站数；

$f_{\beta容}$——导线角度闭合差的容许值。

第二步：计算导线全长相对闭合差。

坐标增量闭合差为：

$$\begin{cases}f_x=\sum\Delta_{x测}-(x_{终}-x_{始})\\f_y=\sum\Delta_{y测}-(y_{终}-y_{始})\end{cases} \tag{2-8}$$

式中　f_x、f_y——横、纵坐标增量闭合差；

$\Delta_{x测}$、$\Delta_{y测}$——横、纵坐标的增量；

$x_{始}$、$y_{始}$、$x_{终}$、$y_{终}$——始点和终点的横、纵坐标。

导线全长闭合差为：

$$f_D=\sqrt{f_x^2+f_y^2} \tag{2-9}$$

式中　f_D——导线全长闭合差。

导线全长相对闭合差为：

$$K=\frac{f_D}{\sum D}\leqslant\frac{1}{10000} \tag{2-10}$$

式中　K——导线全长相对闭合差；

D——导线边长。

第三步：计算导线点 2、3、…、n 的坐标。

第四步：整理导线成果，报监理工程师审批。审批后，可利用现场的导线点及成果表上每个导线点的坐标数据进行平面点位放样。

（2）导线点的补测

若导线点是间断性的丢失，则可利用前方交会法、支点法等方法补测或采用任意测站方法补测导线点。如果是连续丢失数点，就要用导线测量的方法补测。

（3）导线点的移位

若将路基范围内的导线点移至路基范围以外，则可根据导线点的数量采用交会法或导线法，也可采用骑马桩法加以保护。

施工期间应定期（一般为半年）对导线点进行检测。若发现导线点丢失，则应及时补上，并做好对导线点（特别是原始点）的保护工作。

2. 中桩坐标的计算

对中桩坐标的计算进行直接论述会比较抽象，现通过具体的例子进行说明，包括点 P 在直线段上和点 P 在平曲线段上两种情况。

（1）点 P 在直线段上

如图 2-7 所示，JD_n 的坐标为（X_n，Y_n），JD_n~JD_{n+1} 的坐标方位角为 $\alpha_{n,n+1}$，点 P 在 JD_n 与 JD_{n+1} 的直线段上，则点 P 的坐标可按式（2-11）求得。

$$\begin{cases} X=X_n+[T_n+(L_i-L)]\cos\alpha_{n,n+1} \\ Y=Y_n+[T_n+(L_i-L)]\sin\alpha_{n,n+1} \end{cases} \tag{2-11}$$

式中 T_n——切线长；

L_i、L——P 点和 YZ（或 HZ）点的里程桩号。

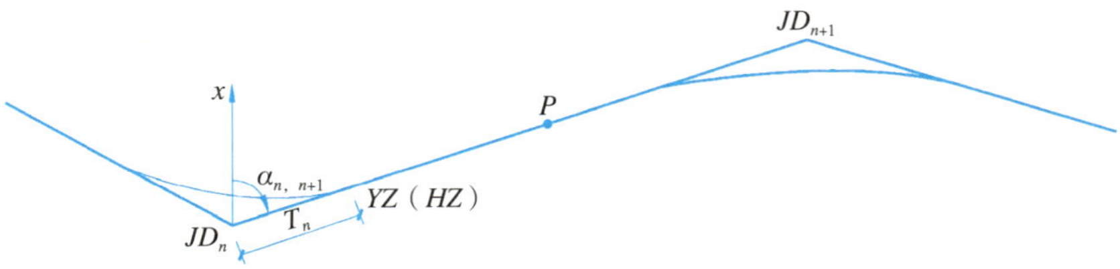

图 2-7　点在直线段上的坐标计算

（2）点 P 在平曲线段上

1）点 P 在带有对称式缓和曲线的平曲线段上。如图 2-8 所示，JD_{n-1}、JD_n、JD_{n+1} 的坐标分别为（X_{n-1}，Y_{n-1}）、（X_n，Y_n，）、（X_{n+1}，Y_{n+1}），JD_{n-1}~JD_n、JD_n~JD_{n+1} 的坐标方位角分别为 $\alpha_{n-1,n}$、$\alpha_{n,n+1}$。

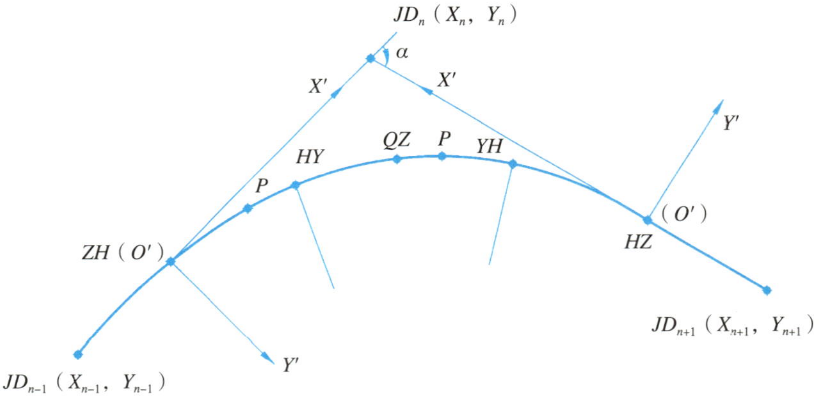

图 2-8　对称式缓和曲线

转角 $\alpha=\alpha_{n,n+1}-\alpha_{n-1,n}$，若转角为负则为左转，反之则为右转。

计算中桩坐标时，先根据交点的坐标、切线的坐标方位角和切线长，采用导线坐标的计算方法计算主点 ZH、HZ 的坐标；然后以 ZH 或 HZ 为坐标原点，以向 JD_n 的切线为 X' 轴，以过原点的法线为 Y' 轴，建立 $X'O'Y'$ 辅助坐标系（图 2-8），计算点 P 在辅助坐标系中的坐标（X'，Y'）；最后利用坐标平移和旋转的方法将此坐标转化为路线坐标系中的坐标（X，Y）。

主点坐标的计算公式为：

$$\begin{cases} X_{ZH}=X_n+T_n\cos(\alpha_{n-1,n}+180°) \\ Y_{ZH}=Y_n+T_n\sin(\alpha_{n-1,n}+180°) \\ X_{HZ}=X_n+T_n\cos\alpha_{n,n+1} \\ Y_{HZ}=Y_n+T_n\sin\alpha_{n,n+1} \end{cases} \tag{2-12}$$

计算点 P 在坐标系 $X'O'Y'$ 中的坐标（X'，Y'）。

点 P 在缓和曲线段内时，有：

$$\begin{cases} X'=\Delta L-\dfrac{\Delta L^5}{40R^2L_S^2} \\ Y'=\dfrac{\Delta L^3}{6RL_S} \end{cases} \tag{2-13}$$

式中　ΔL——P 点到切点（ZH 或 HZ）间的曲线长度，$\Delta L=|L_i-L_0|$（其中，L_i 为 P 点的桩号，L_0 为 ZH 或 HZ 点的桩号）；

R——圆曲线的半径；

L_S——缓和曲线的长度。

点 P 在圆曲线段内时，有：

$$\begin{cases} X'=R\sin\dfrac{\left(\Delta L-\dfrac{L_S}{2}\right)\dfrac{180°}{\pi}}{R}+q \\ Y'=R\left[1-\cos\dfrac{\left(\Delta L-\dfrac{L_S}{2}\right)\dfrac{180°}{\pi}}{R}\right]+p \end{cases} \tag{2-14}$$

式中　q——切线增长值，$q=\dfrac{L_S}{2}-\dfrac{L_S^3}{240R^2}$；

p——内移值，$p=\dfrac{L_S^2}{24R}$；

其余符号意义同前。

坐标转换如下：

对于前半个曲线，有：

$$\begin{cases} X=X_{ZH}+X'\cos\alpha_{n-1,n}-Y'\sin\alpha_{n-1,n} \\ Y=Y_{ZH}+X'\sin\alpha_{n-1,n}+Y'\cos\alpha_{n-1,n} \end{cases} \tag{2-15}$$

对于后半个曲线，有：

$$\begin{cases} X=X_{HZ}+X'\cos(\alpha_{n,n+1}+180°)-Y'\sin(\alpha_{n,n+1}+180°) \\ Y=Y_{HZ}+X'\sin(\alpha_{n,n+1}+180°)+Y'\cos(\alpha_{n,n+1}+180°) \end{cases} \tag{2-16}$$

其中，为了辅助坐标系旋转至大地坐标系，Y' 的符号有正有负，当起点为 ZH 点，曲线为左偏时，Y' 取负值，曲线为右偏时，Y' 取正值；当起点为 HZ 点，曲线为左偏时，Y' 取正值，曲线为右偏时，Y' 取负值。

2）点 P 在带有非对称式缓和曲线的平曲线段上。如图 2–9 所示，在 JD_n 处所设曲线为带有非对称式缓和曲线的平曲线，其中 $L_{S1}>L_{S2}$。曲线中点不在右角平分线上，而是偏向缓和曲线短的一侧。点 P 为曲线上任意待放点。对于带有非对称式缓和曲线的平曲线，先计算前、后两半部分曲线的内移值 p_1、p_2，切线增长值 q_1、q_2，前、后两半部分曲线的切线长 T_{n1}、T_{n2}，中间圆曲线长 L_y。

JD_{n-1}、JD_n、JD_{n+1} 的坐标分别为（X_{n-1}，Y_{n-1}）、（X_n，Y_n）、（X_{n+1}，Y_{n+1}），JD_{n-1}~JD_n、JD_n~JD_{n+1} 的坐标方位角分别为 $\alpha_{n-1,\ n}$、$\alpha_{n,\ n+1}$。

转角 $\alpha=\alpha_{n,\ n+1}-\alpha_{n-1,\ n}$，转角为负则为左转，转角为正则为右转。

$$p_1=\frac{L_{S1}^2}{24R},\quad p_2=\frac{L_{S2}^2}{24R}$$

$$q_1=\frac{L_{S1}}{2}-\frac{L_{S1}^3}{240R^2},\quad q_2=\frac{L_{S2}}{2}-\frac{L_{S2}^3}{240R^2}$$

$$T_{n1}=\frac{R+p_2-(R+p_1)\cos\alpha_{n,\ n+1}}{\sin\alpha_{n,\ n+1}}+q_1$$

$$T_{n2}=\frac{R+p_1-(R+p_2)\cos\alpha_{n,\ n+1}}{\sin\alpha_{n,\ n+1}}+q_2$$

$$L_Y=\frac{\pi}{180^\circ}\alpha_{n,\ n+1}R-\frac{L_{S1}}{2}-\frac{L_{S2}}{2}$$

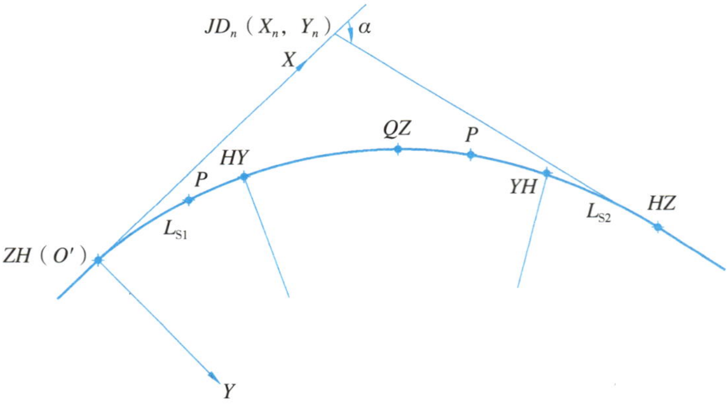

图 2–9　非对称式缓和曲线

中桩坐标的计算方法与点 P 在带有对称式缓和曲线的平曲线段上的相同。

主点坐标的计算公式可参考式（2–10）。计算点 P 在坐标系 $X'O'Y'$ 中的坐标（X'，Y'）时，点 P 在第一段和第二段缓和曲线内的计算可参考式（2–11）。点 P 在前半个及后半个圆曲线段内的计算公式可参考式（2–12）。坐标转换时，对于前半个和后半个曲线，其坐标计算分别参考式（2–13）和式（2–14）。

2.2.2 利用全站仪进行中线放样

利用全站仪进行中线放样时，需要先调用全站仪中相关的放样程序，输入测站点、后视点及待放样点坐标，仪器会自动计算放样元素，并将值存入存储器；然后根据提示放样出中桩的具体位置。

（1）在测站点（导线点）安置全站仪，对中、整平，后视导线点。

（2）先输入测站点的坐标，再输入后视点的坐标，仪器自动计算出测站至后视方向的坐标方位角。

（3）将水平度盘的读数设置为前述坐标方位角。

（4）输入要放样的点 P 的坐标，调用放样程序（这时，仪器自动计算出极角 β 值和极距 s 值，并在显示屏上显示）。

（5）松开水平制动螺旋，转动照准部使极角 β 值变为 0°00′00″。

（6）在望远镜的照准方向上放置反射棱镜并测量距离 d（这时，仪器将测得的距离 d 与 s 比较，显示屏上显示其差值 $\Delta D=d-s$）。前后移动棱镜，直到 $\Delta D=0$ 时为止（为了提高放样效率，实际放样路基时使 $\Delta D \leq$ 1cm 即可，路面放样时应尽可能准确）。该点即要放样的点 P 的确切位置。

（7）在点 P 处打入木桩（在桩顶钉入铁钉或用油漆做标记），在桩侧面标明中桩桩号。

（8）重复第（4）~（7）步，放样其他路线中桩。

2.2.3 利用路线控制桩进行中线放样

利用路线控制桩进行中线放样有两种情况：一种情况是公路两旁未布设导线控制点，公路中线均用交点桩号、曲线元素（转角、半径、缓和曲线长）标定，只能根据路线控制桩放样中线；另一种情况是没有测距仪，无法利用控制点，只能利用路线控制桩放样中线。二级以下公路可用路线控制桩放样中线。

1. 恢复交点

恢复交点的工作分为以下两种情况：

（1）当勘测设计时所钉的交点桩基本保存完好，只有个别交点桩丢失时，恢复路线中线的测量工作比较简单，可采用角度交会法。首先根据前、后两个已知方向在已丢失的交点上量角，同时丈量相邻两交点间的直线距离，所量得的转角值和距离应与勘测时的转角值及距离相符，其差值应不超过测量误差要求的范围，并将勘测时的路线平面图和横断面图与实地对照，确认新交得的交点点位是否与图示一致。

（2）当勘测设计时所钉的交点桩大部分丢失时，路线要恢复到原来的位置较困难，一般只能恢复到比较接近原来的位置。恢复时先根据路线平面图把可能保存下的桩都打出来，然后从一条已知直线段出发，根据勘测设计时的直线－曲线转角一览表上的数据，用放样已知数值水平角和已知长度直线的方法放样出丢失的交点。

安置经纬仪，量角、量边，看其数值是否符合直线－曲线转角一览表上所列的数值。若未超过测量误差要求的范围，则根据地形和地物先在直线段上恢复几个比较典型的中桩，并在中桩上测出横断面图，将测出的横断面图与原来的进行对照，如果基本一致，就可认为所恢复的交点桩基本正确。否则应反复调整交点桩，直到所测得的横断面图与原横断面图相差不大为止。

2. 恢复转点

由于在恢复交点的过程中不能一次定下交点的点位，一般都要经过多次调整，才能符合要求，用正倒镜的方法得出的转点往往不在两个交点之间的直线上。因此，转点的恢复都需要采用逐渐趋近法。

3. 恢复中桩

在交点和转点恢复后，根据路基设计表上的桩号可直接用钢尺恢复直线段上的中桩。若在恢复后的交点上量得的转角与原设计表上所列值相差不大，则可根据勘测设计时给定的半径和曲线元素用切线支距法或偏角法等设置曲线加桩；如果在恢复后的交点上量得的转角与原设计表上所列值相差较大，那么就应根据地形并参照原来的切线长，根据改变后的转角改动曲线半径，重新计算曲线元素，并设置曲线上的各加桩。但应注意，改变半径值不应影响纵坡设计的规定和要求。

2.2.4 测量员的职责

测量员的职责如下：

（1）掌握测量的基本知识；

（2）正确合理地使用测量仪器；

（3）正确合理地进行测量；

（4）正确合理地进行施工放样；

（5）保证测量和施工放样的精度满足要求。

2.2.5 案例——道路中线放样

1. 基本数据

选取某工程 K57+684.11~K57+976.29 段，此段属于微丘区，两侧为松树、桦树林，隶属某林场。

基本数据见表 2-1、表 2-2。

曲线元素表 表 2-1

交点号	交点坐标		交点桩号	转角值	曲线要素值（m）					
	X（N）	Y（E）			半径	缓和曲线长度	切线长度	曲线长度	外距	校正值
*JD*121	5484353.783	4259745.826	K57+814.73	34° 09′ 556″（*Y*）	490	40	170.623	332.187	22.758	9.059

路线逐桩坐标表 表 2-2

桩号	坐标		桩号	坐标	
	N	*E*		*N*	*E*
*K*57+700.000	5484465.9787	42597451.6668	*K*57+850.000	5484316.6175	42597447.6569
+725.000	5484441.1081	42597454.1800	+875.000	5484292.1457	42597442.5582
+750.000	5484416.1416	42597455.4216	+900.000	5484267.9658	42597436.2181
+775.000	5484391.1443	42597455.3884	+925.000	5484244.1407	42597428.6531
+800.000	5484366.1813	42597454.0803	+950.000	5484220.7244	42597419.9033
+825.000	5484.341.3175	42597451.5009	+975.000	5484197.6081	42597410.3838

2. 具体操作

（1）中桩桩号加密计算

依据表 2-2，利用计算机软件计算。

（2）操作流程

使用全站仪，型号为 NTS-350，仪器号为 S52653，版本号为 2009.03.24，具体流程如下：

1）架设全站仪，立于两导线点 1、2 之间，位置得当，并调平。

2）开机，进入操作界面，如图 2-10 所示。

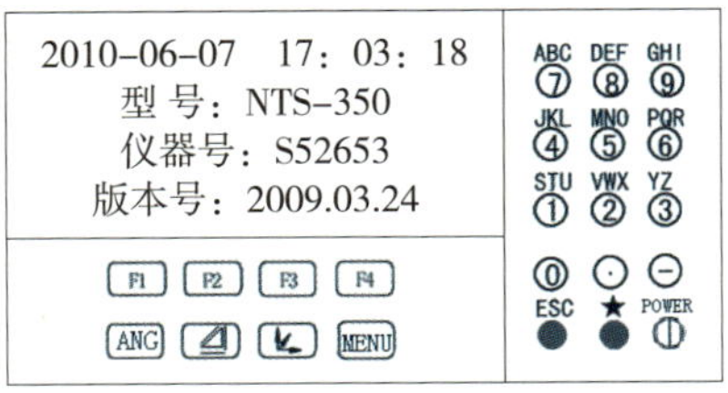

图 2-10 开机操作界面

3）按 ESC 键，如图 2-11 所示。

V：	90°35′57″		
HR：	88°10′03″		
置零	锁定	置盘	P1 ↓

图 2-11　第 3）步操作界面

4）按 MENU 键，如图 2-12 所示。

菜单		1/3
F1	数据采集	
F2	放样	
F3	存储管理	P1 ↓

图 2-12　第 4）步操作界面

5）按 F2 键，如图 2-13 所示。

选择放样坐标文件			
文件名：1			
回退	调用	数字	确认

图 2-13　第 5）步操作界面

6）按 F4 键，如图 2-14 所示。

放样		1/2
F1	设置测站点	
F2	设置后视点	
F3	设置放样点	P ↓

图 2-14　第 6）步操作界面

7）再次按 F4 键，如图 2-15 所示。

放样	2/2
F1：新点	
	P ↓

图 2-15　第 7）步操作界面

8）按 F1 键，如图 2–16 所示。

新点
F1：极坐标法
F2：后方交会法

图 2–16　第 8）步操作界面

9）按 F2 键，如图 2–17 所示。

新点
点名：　79
编码　→
输入　调用　跳过　确认

图 2–17　第 9）步操作界面

10）按两次 F4 键，如图 2–18 所示。

输入仪器高
仪器高：0.000m
回退　确认

图 2–18　第 10）步操作界面

11）再次按 F4 键，如图 2–19 所示。

第 1 点
点名：79
输入　调用　坐标　确认

图 2–19　第 11）步操作界面

12）按 F3 键，如图 2–20 所示。

N：　5484510.987m
E：42597451.001m
Z：　0.000m
回退　点名　确认

图 2–20　第 12）步操作界面

13）按 F4 键，如图 2–21 所示。

输入目标高

目标高：1.500m

回退　　　　　　　　　　　确认

图 2–21　第 13）步操作界面

14）再次按 F4 键，如图 2–22 所示。

第 1 点

目标高：1.500m

> 照准？　　　　　角度　　距离

图 2–22　第 14）步操作界面

15）将棱镜立于导线点 1，调平，照准，按 F4 键，如图 2–23 所示。

16）将棱镜立于导线点 2，重复第 11）~13）步，如图 2–24 所示。

图 2–23　棱镜立于导线点 1

图 2–24　棱镜立于导线点 2

17）按 F4 键，如图 2–25 所示。

残差

dHD：0.324m

dZ：　9.157m

下点　　　　　　　　　　　计算

图 2–25　第 17）步操作界面

18）再次按 F4 键，如图 2–26 所示。

SD（N）=　　0mm

SD（E）=　　0mm

SD（Z）=　　0mm

　　　　　　　　　　　　　坐标

图 2–26　第 18）步操作界面

19）再次按 F4 键，如图 2-27 所示。

N： 5484455.503m
E：42597457.555m
Z：　　　-1.555m
>记录吗？　　［否］　［是］

图 2-27　第 19）步操作界面

20）再次按 F4 键，退出至第 6）步，如图 2-14 所示。

21）按 F3 键，如图 2-28 所示。

设置放样点
点名：79
输入　　调用　　坐标　　确认

图 2-28　第 21）步操作界面

22）按 F3 键，再按 F4 键，如图 2-29 所示。

计算值
HR=193°11′42″
HD=14.785m
角度　　距离

图 2-29　第 22）步操作界面

23）按 F1 键，如图 2-30 所示。

点名
HR=181°11′56″
dHD=-11°59′45″
距离　　　　　坐标

图 2-30　第 23）步操作界面

24）调整 dHR，使其归零，调整棱镜，调平，照准。按 F1 键，如图 2-31 所示。

平距：14.854m
dHD=0.069m
dZ=-1.377m
模式　　角度　　坐标　　下点

图 2-31　第 24）步操作界面

25）将棱镜前移 0.069m，按 F2 键，如图 2-32 所示。重复第 22）~24）步，在允许范围内打中线。

平距 =14.787m
dHD=0.002m
dZ=-1.378m
模式　　角度　　坐标　　下点

图 2-32　按 F2 键操作界面

26）向前 0.002m 打中线点。

27）按 F4 键，重复第 21）~25）步，直至放出所有中线点。

28）移站，继续放样。

（3）说明

1）本方法为后方交会法，需根据屏幕显示及现场情况进行操作。

2）第 1 点、第 2 点为已知导线点，其坐标分别为：

第 1 点：N，5484510.987；E，42597451.001。

第 2 点：N，5484343.886；E，42597455.218。

3）上述操作流程仅以一个中线点为例，其为 K57+725.000，坐标见表 2-2，应在第 22）步的界面中输入。

作业

年　　月　　日

项目名称	施工放样		任务名称	路线中线施工放样	
班　　级		姓　　名		学　　号	
备注：					

简答题

1. 路线中线施工放样的概念是什么？

2. 如何理解施工放样的原理？

3. 测量员的职责是什么？

项目 3

路基施工

【教学目标】

1. 熟悉路基施工机械的功能及作用；
2. 掌握土方路堤填筑的施工工艺及要点；
3. 掌握石方路堑开挖的施工工艺及要点；
4. 能够编制路基施工方案；
5. 能够进行路基的施工。

任务 3.1 土方路堤填筑施工机械

【教学目标】

1. 掌握挖掘机的功能及作用；
2. 熟悉装载机的功能及作用；
3. 掌握运输车的功能及作用；
4. 熟悉推土机的功能及作用；
5. 掌握压路机的功能及作用；
6. 熟悉平地机的功能及作用。

码 3-1 土石方施工机械

在道路施工中，路基是道路结构的基础，决定道路结构的稳定性、耐久性和使用的舒适性。路基工程不仅工程量大，往往占工程总量的60%~70%，而且投资巨大。高质量的路基不仅应通过设计予以保证，更要通过施工实现。

现代化的路基施工需要用施工机械保证施工质量和进度。那么，如何合理组织和利用道路施工工程机械，做到对路基工程强度和稳定性能的有效控制；如何对施工机械进行科学配置，提高劳动生产率并降低工程成本，已成为道路施工企业施工管理的重点。

挖掘机、装载机、运输车、推土机、平地机、压路机 6 种机械是土方路堤填筑施工中最常用的施工机械。

3.1.1 挖掘机

挖掘机又称挖土机或钩机，是用铲斗挖掘高于或低于承机面的物料，并装入运输车辆或卸至堆料场的土方机械，是一种多用途的施工机械。

挖掘机的作用是挖土、装土，主要用于施工便道维修（图 3-1）、建筑物拆除（图 3-2）、取土场取土（图 3-3）、路堑开挖（图 3-4）等。

图 3-1 施工便道维修

图 3-2 建筑物拆除

图 3-3　取土场取土

图 3-4　路堑开挖

3.1.2　装载机

装载机又称铲车（图 3-5），其作用主要是对土进行铲掘、推运、装卸，还可用于修整边坡，是一种多用途的工程施工机械。

图 3-5　装载机

3.1.3　运输车

运输车（图 3-6）的作用是运输土方。挖掘机与运输车的配合作业如图 3-7 所示，挖掘机与运输车的联合作业如图 3-8 所示。

图 3-6　运输车

图 3-7　挖掘机与运输车的配合作业

图 3-8　挖掘机与运输车的联合作业

3.1.4　推土机

推土机（图 3-9）的作用是对土进行切削、推运、开挖、回填、平整、压实。

图 3-9　推土机

3.1.5　平地机

平地机（图 3-10）的作用是铲土、刮平土方。推土机与平地机的联合作业如图 3-11 所示。

图 3–10　平地机

图 3–11　推土机与平地机的联合作业

3.1.6　压路机

（1）压路机的作用是压实路面。

（2）压路机的类型很多，主要有：

1）12~18t 的轻型压路机（图 3–12）；

2）18~21t 的三轮光轮压路机（图 3–13）；

图 3–12　轻型压路机

图 3–13　三轮光轮压路机

3）最常用的振动压路机（图 3-14）；
4）20~25t 的轮胎压路机；
5）用于碾压黏土、细粒土的羊足碾（图 3-15）；
6）冲击式压路机（图 3-16）；
7）小型压路机（图 3-17）及手扶压路机（图 3-18）等。

图 3-14　振动压路机

图 3-15　羊足碾

图 3-16　冲击式压路机

图 3-17　小型压路机

图 3-18　手扶压路机

3.1.7　土方施工机械的配套

假设条件：路基宽度大于 20m，运距是 2~3km。

所需设备如下：

（1）挖掘机 1 台；

（2）运输车 6 台（其中 2 台用于等待）；

（3）推土机 2 台；

（4）压路机 3 台；

（5）平地机 1 台；

（6）装载机 1 台。

作业

年　　月　　日

项目名称	路基施工		任务名称	土方路堤填筑施工机械	
班　　级		姓　　名		学　　号	
备注：					

简答题

1. 土方施工机械有哪些？

2. 谈谈你对进口与国产道路施工机械的看法，怎样大力发展民族制造业？谈谈我们肩负的责任与任务。

任务 3.2　土方路堤填筑施工技术

【教学目标】

1. 掌握土方路堤填筑的方法；
2. 掌握土方路堤填筑的厚度；
3. 掌握土方路堤对填料的要求；
4. 掌握土方路堤填筑的宽度；
5. 熟悉土方路堤边坡的处理；
6. 掌握土方路堤压实的要求及方法；
7. 熟悉影响压实的因素；
8. 熟悉土方路堤检测的内容；
9. 仔细阅读施工作业指导书。

码 3-2　土方路堤填筑施工（1）

码 3-3　土方路堤填筑施工（2）

码 3-4　土方路堤填筑施工（3）

3.2.1　土方路堤填筑施工工艺流程

土方路堤填筑施工工艺流程如图 3-19 所示。

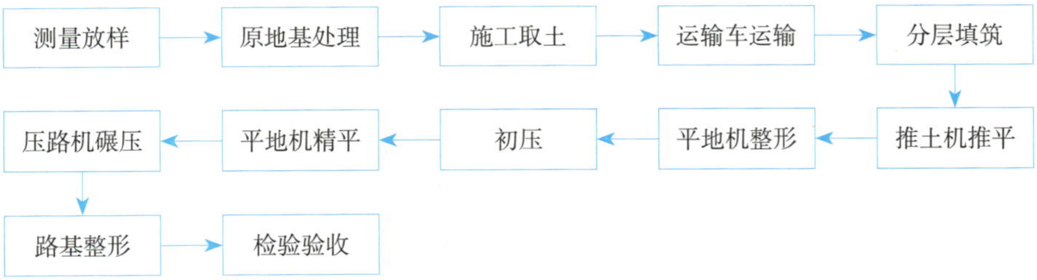

图 3-19　土方路堤填筑施工工艺流程

3.2.2　土方路堤填筑施工要点

1. 分层平铺

分层平铺，即按照横断面全宽呈水平层次逐层向上填筑，如图 3-20 所示。

（1）宽度

每一填筑层压实后的宽度不得小于设计宽度，实际施工按照图纸，一般每侧宽于填层设计宽度 20cm，以免边坡土体不实，保证削坡需要。

（2）厚度

压实厚度为 20~25cm，否则压实度达不到要求，填筑路床顶最后一层时，压实厚度应不小于 10cm。

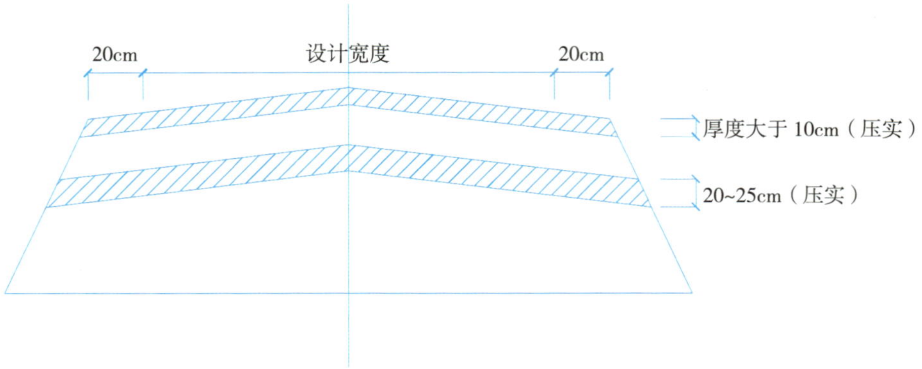

图 3-20　分层平铺图示

2. 分段填筑

（1）推行小段施工。当天填筑，当天碾压完毕。根据施工能力和自然条件确定施工段落长度，一般每段在 200m 左右。

（2）接头部位如能交替填筑，则应分层相互交替搭接，搭接长度不小于 2m（图 3–21）。如不能交替填筑，则先填路基应按 1∶1 坡度分层留台阶（图 3–22）。

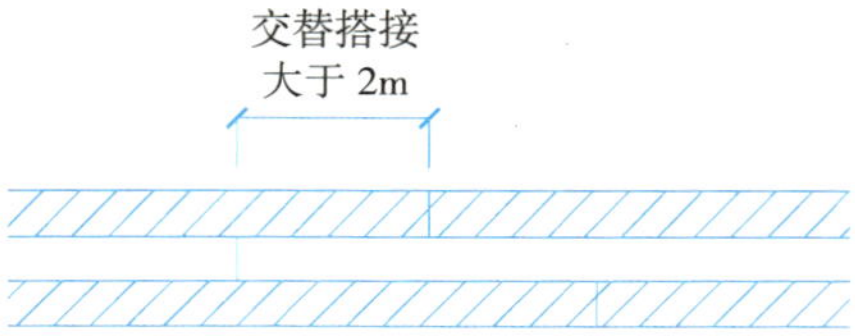

图 3-21　分段填筑图示 1

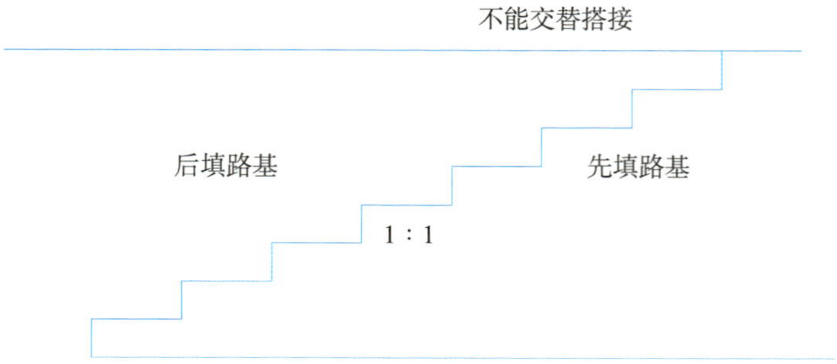

图 3-22　分段填筑图示 2

3. 不同土质的填筑要求

（1）在同一水平层不同性质的土，不能混合填筑。

（2）每种土的填筑层压实后的连续厚度不宜小于 50cm，如图 3–23 所示。

（3）潮湿或冻融敏感性小的土应填在上层，强度较小的土应填在下层。

（4）设置 2%~4% 的双向横坡，以利于排除积水。

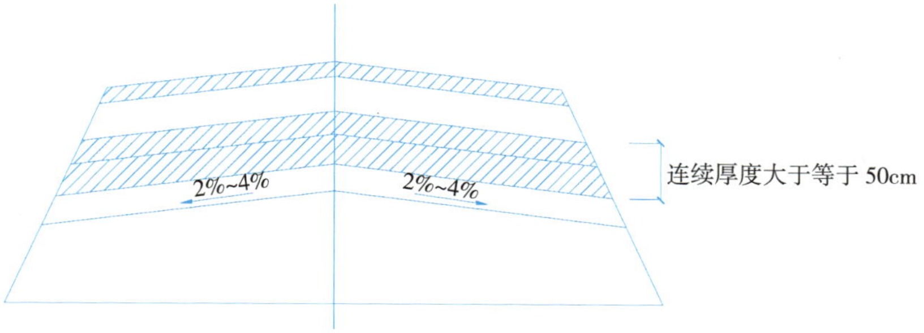

图 3-23　不同土质填筑图示

4. 填筑要求

（1）从最低处起，分层填筑。

（2）当原地面纵坡大于 12% 或横坡陡于 1∶5 时，应按设计要求挖台阶或设置坡度向内倾大于 4%、宽度大于 2m 的台阶，如图 3-24 所示。

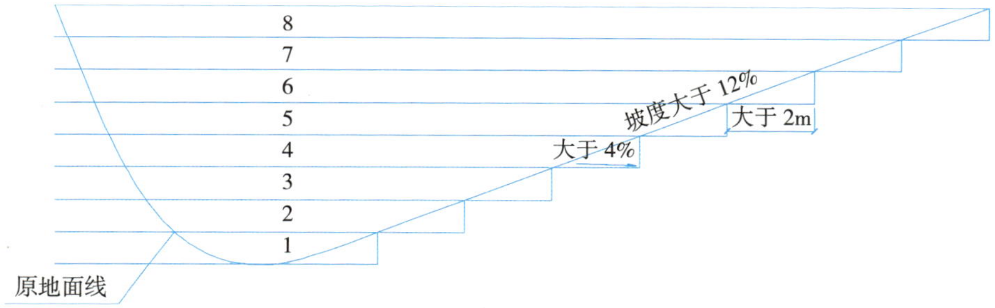

图 3-24　填筑要求图示

5. 回填要求

桥涵、挡土墙等结构物基坑的回填土，宜选用透水性良好的土质。分层厚度宜为 10~20cm；当采用小型夯具时，不宜大于 15cm，并做成向外倾斜的横坡，如图 3-25 所示。

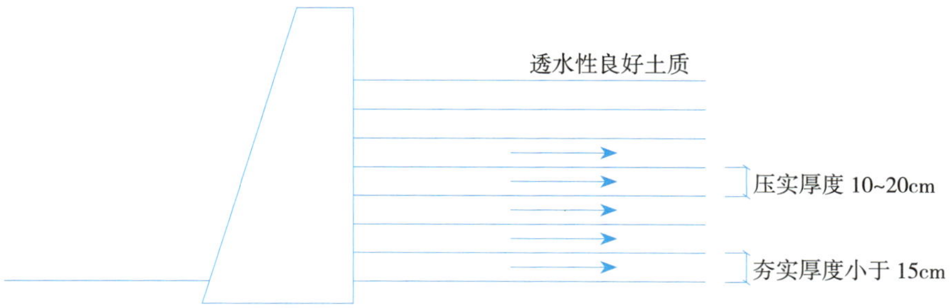

图 3-25　回填要求图示

6. 分层压实

（1）控制在最佳含水量时碾压（洒水、翻松、晾晒、掺灰）。

（2）先轻后重、先慢后快、先边缘后中间。

（3）相邻两次轮迹应重叠轮宽的 1/3。

（4）不漏压，对于压实不到的死角，用小型夯实机具夯实。

3.2.3 案例——土方路堤填筑施工

1. 工程概况

（1）工程简介

京哈高速某段改扩建工程 A2 合同段施工桩号为 K1172+000~K1207+955，长度为 35.955km，施工任务包括路基、路面、交叉、互通、场区路基路面、桥涵等工程。

（2）当地气候、水文条件

1）气候条件

路线所处黑龙江省南部，属于中温带大陆性季风气候，常年受西伯利亚冷干气团（冬季风）和副热带暖湿气团（夏季风）影响，四季分明。大体上 4 月中旬至 6 月上旬为春季，6 月中旬至 8 月中旬为夏季，8 月下旬至 10 月上旬为秋季，10 月中旬至次年 4 月上旬为冬季。春季风大干旱，夏季短暂多雨，秋季冷凉霜早，冬季漫长寒冷。

雨季集中在 6~8 月，年最大温差超过 70℃，年平均气温为 3.5℃，全年 1 月为最冷月，平均气温为 -19.7℃，极低值为 -41.4℃；全年 7 月份最高气温为 39℃。四季风向多变，以偏南风为主导风型，冬季主导风向为西北风，最大风速为 22m/s，年平均风速为 4.1m/s，历年最大风速多介于 14.5~26.0m/s 之间。基本风压为 600kPa。平均年总降水量为 523mm，日最大降水量为 104mm。地面稳定冻结日期为 11 月中旬，稳定解冻日期为翌年 4 月中旬。

2）水文条件

本项目所在地的水系均属松花江水系。沿线地表水主要为各河流径流，降雨多集中在 6~8 月。河流属于封冻性河流，其径流主要靠降水（雨、雪）补给，因而河道径流与降水量相吻合，具有明显的季节性。

地下水主要以潜水和上层滞水为主。

（3）沿线筑路材料

路基填筑材料主要为土和石。

沿线基本农田较多，无取土条件，除利用 66 万 m^3 拉林河中粗砂填筑路床以下外，大部分填料从五常市背荫河镇、阿城区玉泉镇取碎石土。部分破除桥涵材料，作为路基下处理填料。

（4）设计技术指标及主要工程数量（表 3-1、表 3-2）

设计技术指标一览表 表 3-1

序号	指标名称	单位	规范指标
1	公路等级	级	八车道高速
2	设计速度	km/h	120
3	路基宽度	m	42.0
4	中分带宽度	m	3.0
5	路缘带宽度	m	2×0.5
6	行车道或机动车道宽度	m	2×4×3.75
7	硬路肩宽度	m	2×3.0
8	土路肩或人行道宽度	m	2×0.75
9	圆曲线一般最小半径	m	500
10	最大纵坡	%	2.93
11	汽车荷载等级	级	公路—I 级
12	桥梁宽度	m	2×（1+净 19+0.50）+1

主要工程数量 表 3-2

序号	工程项目	单位	合同工程量
1	清理现场	m^2	669432
2	砍伐树木	棵	61963
3	挖除树根	棵	61963
4	挖除旧路面	m^3	871965
5	拆除结构物	m^3	136741
6	挖土方	m^3	1749379
7	挖淤泥	m^3	42660
8	利用土方	m^3	1441273
9	借碎石土填方	m^3	1011351
10	结构物台背换填中粗砂	m^3	462810
11	锥坡及台前溜坡填土	m^3	62154

2. 质量目标

分项、分部、单位工程 100% 合格；工程交工验收质量评定为合格，工程竣工验收质量评定为优良。

（1）确保压实度自检、抽查最终合格率为 100%。

（2）减少翻浆弹软现象。

（3）减少路基不均匀沉降现象、严禁桥头跳车情况发生。

（4）确保路基封层验收合格率为 100%。

3. 主要工程施工方案及工艺

（1）路基工程总体施工方法

对于路基填筑进行挖、装、运、平、压、验一条龙作业。工程施工以机械化为主，人工施工为辅。碎石土外购，路堤填筑严格按照施工技术规范及设计要求进行，分层填筑，分层压实。

（2）路基工程施工工艺

1）施工前准备

①全面熟悉招标文件，进行施工现场勘察，核定工程数量，进行图纸会审和技术交底，编制实施性的施工组织设计方案。

②进行临建搭设，解决电力、通信、水源，准备施工设备、人员物资及生活用品。

③进行导线点、水准点恢复及加密，对路线的横、纵断面进行测量。

④对挖方利用土方、借土场及料场的路基填料按《公路土工试验规程》JTG 3430—2020 规定的方法进行土的颗粒大小分析、含水率、液限、塑限、最大干重度、最佳含水率、密度、强度（CBR）值、有机质含量及易溶盐总量等试验。

⑤按公路标准占地图，进行公路用地放样；开挖占地界沟，占地界沟要始终保持清晰、明显、线形顺直、无淤塞、排水通畅。

⑥在路基施工前，选择地质条件、断面形式均具有代表性的、长度不小于 200m 的路段作为试验路段，以确定合理的机具、人员、材料以及材料的最佳含水率、松铺系数、碾压遍数，编制合理的施工方案。

2）桥涵两侧台背回填施工

①桥涵结构强度达到 85% 后，方可进行台背回填工作。

②按照设计和规范要求开挖基坑，清理基槽，清除淤泥和排干积水，清除回填范围内的杂物和不适宜材料，保证基底无浮土，并用小型夯实机械夯实基底。

③在桥涵两侧的台身上，用红色油漆分别做出每层 15cm 厚的横线标线，以控制填筑厚度不超过规范要求。

④将中粗砂回填到基坑，并人工整平。

⑤采用水撼砂的方法，使桥涵头两侧回填密实。

⑥桥涵两侧必须对称填筑，避免由于填筑不均造成桥涵损坏。

⑦加大管理力度，严把质量关。每个桥涵头回填应设专人负责、监理

跟班作业，并做好施工原始记录。

⑧采用桥涵头预压工艺，提前安排桥涵头路基施工，使其有充足的预压期，减少工后沉降现象。

⑨桥涵头填筑与相邻路基的结合部位，填筑时必须逐层开挖宽度不小于 1m，高度 1m 的台阶，向内倾斜 3%，并应留有压路机能上下的斜坡。

3）特殊路基处理

①旧路边沟处理开挖及回填

开挖边沟时要严格执行设计图纸要求的长度、宽度、深度。如实际情况与设计不符，应及时上报监理及业主。

开挖后视基底土质含水量大小及土质情况进行相应的处理，必须用履带式推土机碾压 2~3 遍后整平、清理干净、切齐立边，弹软土和淤泥必须清除，检查验收合格后按设计要求回填拆除的水泥混凝土破碎料，如采用旧桥梁构造物混凝土破碎物回填，需要洒水分层碾压。

用于回填的旧路结构层粒径应不大于 200mm。

回填应分层填筑。

开挖后的部位要立即回填，推土机整平后，用 32t 振动压路机碾压 5~6 遍，要注意衔接部位的压实，每碾压一遍观测沉降量，两遍之间的沉降量小于 5mm 时停止碾压，经自检、抽检验收合格后再回填下一层。检测合格后，尽快回填至原地面以上，以利于自然排水。

回填至与原路基高度平齐后，一同强夯。

②填挖交界（纵横）路基处理

认真清理填方断面的原地面，当地面横、纵坡度在（1∶5）~（1∶2.5）时，将填方断面原地面开挖成台阶，每层台阶宽度不小于 1m，做成向内侧倾斜 3% 的台阶，碾压密实，压实度不小于 96%，经验收合格后，再进行分层填筑。

填筑时，必须从低处向高处分层摊铺碾压，特别要注意填、挖交界处的拼接，碾压要做到密实、无痕迹。

半填半挖路段的开挖，必须待填方断面原地面处理好并经检验合格后，方可进行挖方开挖。对挖除的非适用材料必须废弃，严禁填在填方断面内。

③低填浅挖路段施工

清表后，低填及挖方路基按设计要求挖除长度、宽度、深度范围内土方，换填中粗砂至设计标高，挖除土方运至存放地点作为利用方并进行掺灰处理。

路基开槽后应及时回填，按照小段成型的原则，以免雨水浸泡基底。回填中粗砂要分层压实，每层回填松铺厚度不得大于 30cm，填筑宜高出原地面，免受水害。

4）路基填筑

①旧路加宽施工

为保证新、旧路基结合部位的稳定，避免因原路基与拼宽路基本身的压缩变形而使拼宽后的路面在拼宽部位产生反射裂缝，新、旧路基采用挖台阶方式拼接，台阶顶面向内倾斜坡度 3%。台阶开挖后采取相应的防雨水冲刷和滑塌措施，以确保原有路基的稳定和行车安全。

②路基挖台阶处理

新、旧路基台阶开挖采取边挖边填，第一级台阶填完后，再进行第二级台阶的开挖。该项目在旧路边坡挖除时，采用垂直开挖边坡坡脚，台阶高度按照设计要求执行。路基帮宽满足台阶法要求施工，在既有路基需加宽一侧边坡并挖设台阶，从结构层到路肩自下而上开挖，开挖一层填筑一层。台阶应随路基一边填筑一边开挖，采取横断面全宽、纵向分层填筑方法，各区段交接处应互相重叠压实。

③台阶开挖质量保证措施

A. 边坡台阶开挖前应在原路基路肩和原坡面设置监控观测点，防止开挖造成原路基滑塌现象。开挖过程中如出现土体较大位移时，应立即停止开挖，分析原因，采取措施防止塌方。

B. 对旧路基结构物台背及砂砾石等透水性材料填筑的路基，在开挖时应根据具体情况，采取钢板桩支撑等必要的防护措施。

C. 台阶开挖要确保开挖层面落在坚实的土基上，禁止为了保持台阶线形一致而用虚土回填台阶。

D. 对于台阶土质含水率较高、不易压实的路段，可采用翻挖、晾晒或掺灰处理，再与新路基土一起碾压至规定的密实度。

E. 台阶开挖过程中要做好排水工作，以防雨水冲刷开挖好的台阶而破坏原路基。将原公路路面水引向泄水槽内，并在加宽路基对应位置设置临时横向排水沟，当雨量较大时可在原路基已开挖边坡上覆盖彩条布，防止冲刷。

F. 若开挖台阶后未及时填筑遇降雨时，应在雨后清除表层过湿土，再开始填筑。

5）基底强夯

第一级土质台阶底面与加宽清除表土底面平齐，一同填筑 30cm 碎石土碾压并验收完成后进行强夯。要求强夯 2 遍，搭接不小于每次夯实长度、宽度的 1/3。

①锤重一般不宜小于 8t，常用的为 10t、15t、20t。落距一般不小于 10m。

②夯击能一般取 600~3000kN · m。

③对大面积地基，夯击点布置一般采用梅花形或正方形网格排列。

④强夯前应通过试夯确定施工技术参数，试夯区平面尺寸不宜小于 20m × 20m。

⑤前一遍为“点夯”，最后一遍以低能量（为前一遍能量的 1/3~1/2 或按设计要求）进行“满夯”（即锤印彼此搭接），以加固前几遍夯点间隙之间的黏土和被振松的表土层。每夯击点的夯击数以使土体竖向压缩量最大而侧向移动最小，最后两击沉降量之差小于规范要求或以试夯确定的数值

为准。每夯击点之夯击数一般为 6~9 击，点夯击数宜多些，多遍点夯击数逐渐减小，满夯只夯 1~2 击。

⑥两遍强夯之间的间隔时间，碎石土或中粗砂可间隔 1~2 周，或采用连续夯击而不需要间歇。

⑦检测强夯的测试工作，不得在强夯后立即进行，必须间歇 1~4 周，以避免测得的土体强度偏低，而出现较大误差，影响测试的准确性。

⑧压实度检验数量：每单位工程不应少于 6 点，1000m^2 以上工程，至少应有 6 点，以后每增加 1000m^2 则增加 1 点。承载力检测一般做 1~2 组，或按设计要求。每一独立基础下至少应有 1 点压实度或触探检测，基槽每 20 延米应有 1 点。

⑨旧路土质台阶填筑每层接缝处及台阶范围内采用液压夯补压。

6）冲击碾压

路基填筑分别至上路堤、下路堤顶面碾压并在验收完成后进行冲击碾压。冲击碾压遍数为 20 遍。

①冲击碾压前的路基含水量应保证在最佳含水量的 ±2% 范围内。

②机械行进速度在 10~15km/h 之间，从路基的一侧向另一侧转圈冲碾，冲碾顺序应“先两边，后中间”，错轮进行，轮迹覆盖整个路基表面为一遍冲碾。

③冲碾结束，用平地机整平施工冲碾路段，然后采用重型钢轮压路机将路基表面碾压密实平整，若表土干燥，应适量洒水，以保证压实效果。

④对低填路基顶面进行重型压路机补充压实，压实遍数为 20 遍。

7）路基整型

路基土方施工完毕后进行整形，保证路线不偏位，节省路基土石方，并为绿化提供条件。封层后的路基达到排水通畅、边坡表面平整、线形顺直、美观的效果。整修路拱、边坡路基填筑时，人工配合机械进行路拱拱度的修整，并配合压路机碾压。边坡修整时一次性按设计宽度削至设计坡度，并自上向下修整，不得在边坡上贴补土方。

3.2.4 作业指导书——路基填筑

1. 土方路堤

（1）一般规定

1）优先选用级配较好的砂类土、砾类土等粗粒土作为填料，严禁使用含草皮、生活垃圾、树根、腐殖土及泥炭、冻土、强膨胀土、有机质土和易溶盐超过允许含量的土。

2）液限大于 50%、塑性指数大于 26 的土，不得直接作为填料，必须经过技术处理合格后方能使用。

3）每种填料的松铺厚度应通过试验确定。

4）每一填筑层压实后的宽度满足设计及规范要求。

（2）土方路基填筑施工工艺流程

土方路基填筑施工工艺流程如图 3–26 所示。

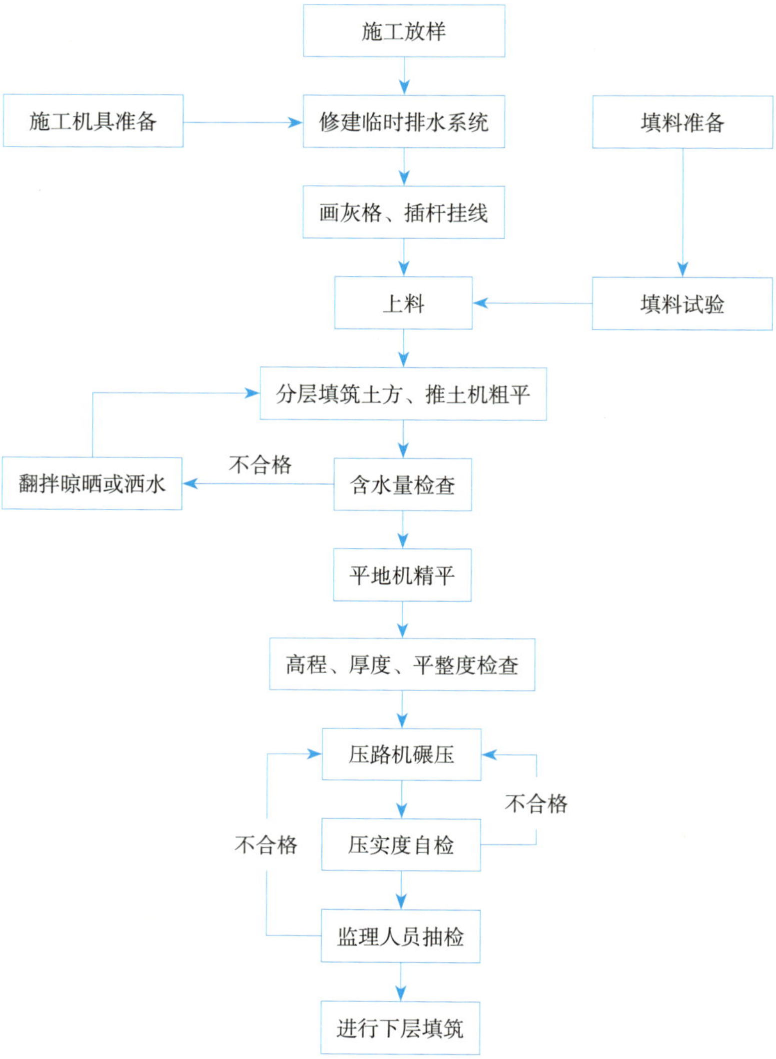

图 3–26　土方路基填筑施工工艺流程

（3）施工要点

1）路堤填筑时根据设计断面水平分层填筑和压实，填料分层最大松铺厚度依据采用的碾压设备通过试验段确定，分层最小压实厚度不小于 10cm。

2）性质不同的填料分段填筑，同一水平层路基的全宽采用同一种填料，不得混填。每种填料的填筑层压实后的连续厚度不小于 50cm，不得纵向分幅填筑。

3）路堤填筑时，从最低处起分层填筑，逐层压实；当原地面纵坡大于 12% 或横坡大于 20% 时，按设计要求挖台阶，或设置坡度向内倾 3%、宽度 2m 的台阶。

4）填土路堤分几个作业段施工，相邻作业段交接处不在同一时间填筑以及路基先填筑到桥涵台背回填处时，先填筑段应按不大于 20% 的坡度放坡，并且对坡面填筑的同时压实。如受地形限制达不到以上放坡条件的，严格按规定设置台阶。

5）填方路堤必须按路面的平行面高程分层控制填土高度，为利于排水，填筑时路堤顶面应形成不小于 2% 的横坡；设计纵横坡必须在下路堤范围内形成。

6）填筑、摊铺、碾压。

①路基每层填筑严格执行“划格上土、挂线施工”。根据松铺厚度、车载方量计算划分灰格，均匀卸土。推土机粗平、平地机精平，形成路拱。

②运输车按要求卸料后，先用推土机粗平，对含水量进行检查，不合格要洒水或翻拌晾晒，合格后用平地机精平；用填筑前后高程差检测松铺厚度，符合要求后方可碾压。

③先稳压，后振动碾压，压路机碾压时遵循从路边向路中、从低侧向高侧的原则；压路机的碾压行驶速度不超过 4km/h，错轮宽度对振动压路机不小于压实轮的 1/3，对三轮压路机不小于后轮的 1/2。碾压应达到无漏压、无死角。必要时，配备小型碾压夯实设备。

7）为确保路基全断面的压实质量，碾压宽度应在路基整修成形后的宽度设计值两侧各增加 30cm。

8）如遇长期停工后复工、雨水浸泡等情况，继续进行施工前必须重新碾压，压实度满足要求后方可填筑。

（4）质量控制要点

1）严格控制填筑材料，禁止使用非适用材料填筑。

2）认真做好每种填筑材料的标准干密度取样试验和平行验证试验，严格执行标准干密度的审批程序。

3）每层填筑时，查看填料是否发生变化。

4）是否符合试验段确定的松铺厚度要求。

5）碾压前，现场检测含水量是否符合要求。

6）边角是否碾压或夯实到位。

7）是否达到试验段确定的碾压遍数。

8）表面是否有碾压轮迹、松散、起皮、翻浆、弹簧等现象。

9）边线是否顺直，中线是否偏位，宽度是否满足要求，边坡是否超填或亏坡。刷坡后边坡坡面要平顺、稳定，曲线圆滑，不得亏坡。

10）路拱设置是否符合要求，表面是否平整，雨后路堤顶面是否有积水。

11）压实度检测时，是否挖至下一层顶面，压实度是否合格或有超拌现象。

12）雨后边坡是否有冲沟等水毁现象；水毁处是否按要求分层填筑夯实。

13）土质路基压实度标准见表 3-3。

土质路基压实度标准　　表 3-3

<table>
<tr><th colspan="4" rowspan="2">填筑部位（路面以下深度）（m）</th><th colspan="3">压实度（%）</th></tr>
<tr><th>高速公路、一级公路</th><th>二级公路</th><th>三、四级公路</th></tr>
<tr><td rowspan="7">填方路基</td><td colspan="2">上路床</td><td>0~0.3</td><td>≥ 96</td><td>≥ 95</td><td>≥ 94</td></tr>
<tr><td rowspan="2">下路床</td><td>轻、中及重交通</td><td>0.3~0.8</td><td rowspan="2">≥ 96</td><td rowspan="2">≥ 95</td><td>≥ 94</td></tr>
<tr><td>特重、极重交通</td><td>0.3~1.2</td><td>—</td></tr>
<tr><td rowspan="2">上路堤</td><td>轻、中及重交通</td><td>0.8~1.5</td><td rowspan="2">≥ 94</td><td rowspan="2">≥ 94</td><td>≥ 93</td></tr>
<tr><td>特重、极重交通</td><td>1.2~1.9</td><td>—</td></tr>
<tr><td rowspan="2">下路堤</td><td>轻、中及重交通</td><td>>1.5</td><td rowspan="2">≥ 93</td><td rowspan="2">≥ 92</td><td rowspan="2">≥ 90</td></tr>
<tr><td>特重、极重交通</td><td>>1.9</td></tr>
<tr><td rowspan="3">零填及挖方路基</td><td colspan="2">上路床</td><td>0~0.3</td><td>≥ 96</td><td>≥ 95</td><td>≥ 94</td></tr>
<tr><td rowspan="2">下路床</td><td>轻、中及重交通</td><td>0.3~0.8</td><td rowspan="2">≥ 96</td><td rowspan="2">≥ 95</td><td rowspan="2">—</td></tr>
<tr><td>特重、极重交通</td><td>0.3~1.2</td></tr>
</table>

注：①表列压实度以现行《公路土工试验规程》JTG 3430—2020 的重型击实试验法为准；
②三、四级公路铺筑水泥混凝土路面或沥青混凝土路面时，其压实度应采用二级公路的规定。

2. 土石路堤

（1）一般要求

1）膨胀岩石、易溶性岩石、崩解性岩石和盐化岩石等不得用于路堤填筑。

2）天然土石混合填料中，石料强度大于 20MPa 的中硬、硬质石料，最大粒径不得大于压实层厚的 2/3；石料强度小于 15MPa 的强风化石料或软质石料，其 CBR 值应符合《公路路基施工技术规范》JTG/T 3610—2019 中的规定。

3）利用工业废渣及建筑垃圾填筑路堤，应先进行试验，并将试验报告及其施工方案报监理工程师批准后方可使用。

（2）土石路堤施工工艺流程

土石路堤施工工艺参照土方路堤。

（3）施工要点

1）施工前，应根据土石混合材料的类别分别进行试验段的施工，确定能达到最大压实干密度的松铺厚度、压实机械型号及组合、压实速度及压实遍数、压实度、压实沉降差等参数。

2）土石路堤应分层填筑压实，整平应采用大功率推土机辅以人工按填石路堤的方法进行，松铺厚度控制在 30cm 以内；碾压前应使大粒径石料均匀分散在填料中，石料间孔隙应填充小粒径石料、土和石渣。

3）碾压采用振动压路机碾压，碾压顺序按填土路堤进行。

4）土石混合材料来自不同料场，其岩性或土石比例相差较大时，必须分层或分段填筑。

5）填料由土石混合材料变化为其他填料时，土石混合材料最后一层的压实厚度必须小于 30cm，该层填料最大粒径小于 15cm，压实后，表面必须无孔洞。

6）压实后透水性差异大的土石混合材料，必须分层或分段填筑，不允许纵向分幅填筑。

（4）质量控制要点（表 3–4）

1）中硬、硬质石料土石路堤质量应符合以下规定。

①施工过程中的每一压实层，可用试验路段确定的工艺流程和工艺参数，控制压实过程，利用规定的沉降差检测压实质量。

②路基成型后质量应符合《公路路基施工技术规范》JTG/T 3610—2019 的规定。

2）软质石料填筑土石路堤，应符合《公路路基施工技术规范》JTG/T 3610—2019 的规定。

3）土石路堤的外观质量标准：路基表面无明显孔洞；大粒径填石无松动，铁锹挖动困难；中硬、硬质石料土石路基边坡码砌紧贴、密实，无明显孔洞、松动，砌块间承接面应向内倾斜，坡面平顺。

土石路堤检测表 **表 3–4**

序号	检查项目	规定值或允许偏差			方法和频率
		高速公路、一级公路	二级公路	三、四级公路	
1	压实度	符合设计及规范规定	符合设计及规范规定	符合设计及规范规定	密度法：每 200m 每压实层测 2 处
2	弯沉（0.01mm）	满足设计要求	满足设计要求	满足设计要求	符合公路工程质量检验评定标准
3	纵断高程（mm）	+10，−15	+10，−20	+10，−20	水准仪：每 200m 测 2 点
4	中线偏位（mm）	50	100	100	全站仪：每 200m 测 2 点，弯道加 *HY*、*YH* 2 点
5	宽度（mm）	≥设计值	≥设计值	≥设计值	尺量：每 200m 测 4 处
6	平整度（mm）	≤ 15	≤ 20	≤ 20	3m 直尺：每 200m 测 2 处 ×5 尺
7	横坡（%）	± 0.3	± 0.5	± 0.5	水准仪：每 200m 测 2 个断面
8	边坡坡度	满足设计要求	满足设计要求	满足设计要求	每 200m 测 4 点

4）施工过程中，每填筑 3m 高，检测 1 次路线中线和宽度。

3. 石方路堤

（1）一般规定

1）填石路堤的石料强度不小于 15MPa，填料不均匀系数为 15~20。

2）硬质、中硬岩石可用于路堤和路床填筑；软质岩石可用于路堤填筑，不得用于路床填筑；膨胀、易溶性岩石和盐化岩石不得用于路基填筑。

3）路基的浸水部位，应采用稳定性好、不易膨胀崩解的石料填筑。

4）路堤填料粒径应不大于 500mm，并不超过层厚的 2/3。路床底面以下 400mm 范围内，填料最大粒径不得大于 150mm，其中小于 5mm 的细料含量应不小于 30%。

（2）填石路堤填筑施工工艺流程

填石路堤填筑施工工艺流程如图 3–27 所示。

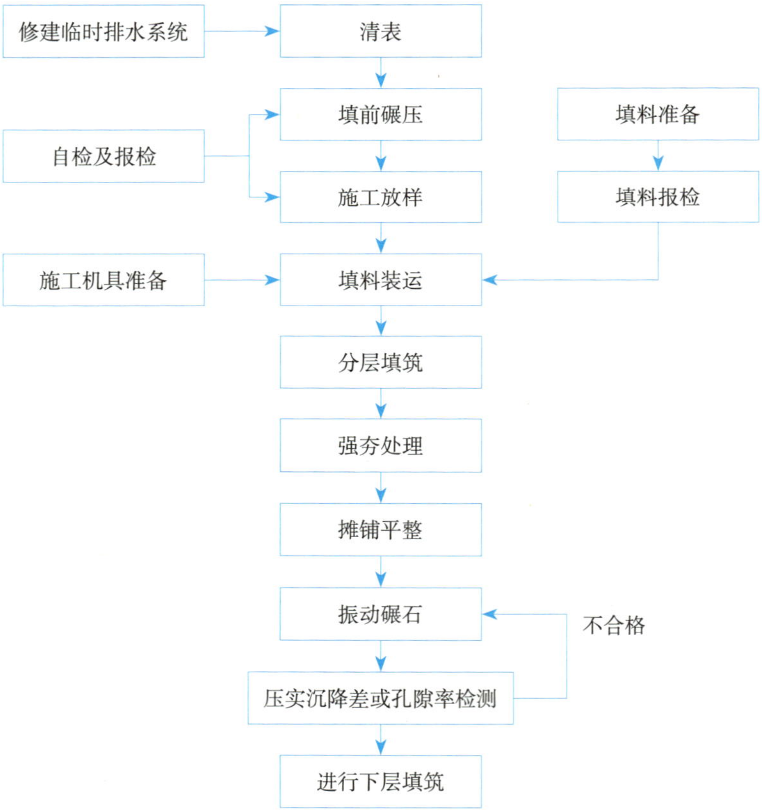

图 3–27　填石路堤填筑施工工艺流程

（3）施工要点

1）采用中硬或硬质石料填筑的路堤要进行边坡码砌，边坡码砌要采用强度大于 30MPa 的不易风化的石料，石块形状要规则，最小尺寸不小于

30cm；路堤填高小于等于 5m 时，码砌厚度不小于 1m，路堤填高大于 5m 小于等于 12m 时，码砌厚度不小于 1.5m，路堤填高大于 12m 时，码砌厚度不小于 2m。边坡码砌要与路基填筑同步进行。

2）填筑的石料如岩性相差较大，特别是岩石强度相差较大时，应进行分层或分段填筑。

3）当填筑石料级配较差、粒径较大，石块间空隙较大时，必须在每层表面空隙间填入石渣、石屑，将空隙填满为止。

4）填筑、摊铺、碾压

①填石路基施工应分层填筑、分层压实，填筑前要划灰格、插杆挂线。

②根据石料粒径大小及组成采用相应摊铺方法。

A. 大粒径石料采用渐进式摊铺法铺料，运料汽车在新填的松料上先两侧后中央逐渐向前卸料，大型推土机随时摊铺整平。

B. 对细料含量较多的石料采取卸上推下法铺料。运料汽车在已压实的层面上后退卸料，形成梅花形密集料堆，采用推土机推铺整平。

③人工铺填粒径 25cm 以上的石料时，应先铺填大块石料，大面向下，小面向上，摆平放稳，再用小石块找平，石屑塞缝，最后压实。

④填石路基在压实前应摊铺平整，填料最大粒径要严格控制，超出规定的应予以剔除，局部不平处人工配合机械以细石屑找平。摊铺完成后的石料表面平整，无明显大石料露头，表面无明显孔洞、孔隙。

⑤碾压设备采用振动压路机，激振力要在 22t 以上。根据试验段获取的碾压遍数碾压，碾压时直线段由两边向中间，小半径曲线段由内侧向外侧纵向进退式进行，前后相邻区段纵向应重叠不小于 5m 的碾压宽度。

⑥填石路堤填筑宽度，每侧要宽于填层设计宽度不小于 50cm，路基标准压实质量必须满足填层压实质量要求，不能满足时，在此基础上再适当增加填筑宽度，以保证压实质量合格，在路基完成后削坡。

⑦压实沉降差检测

A. 首先在压实后的路堤上沿着纵向布点，在布好的点位上，用油漆做醒目的标记。用水准仪测量高程，为减少误差，准备一个 ϕ10cm 钢球，放置在测点上。

B. 用振动压路机做碾压检测（碾压参数：速度 2.0~4.0km/h，碾压 2 遍），碾压后应无明显轮迹。然后再用水准仪测定各点高程，各测点在碾压前后的高差，就是测点的压实沉降差。

C. 压实合格的质量标准为：两遍之间的沉降差应不大于 2mm。

（4）质量控制要点

1）上下路堤的压实质量标准符合《公路路基施工技术规范》JTG/T 3610—2019 中的要求（表 3–5）。

2）填石路堤施工过程中的每一压实层，可用试验路段确定的工艺流程和工艺参数，控制压实过程。

填石路堤压实质量标准 表 3–5

分区	路床顶面以下深度（m）	硬质石料孔隙率（%）	中硬石料孔隙率（%）	软质石料孔隙率（%）
上路堤	0.80~1.50	≤ 23	≤ 22	≤ 20
下路堤	>1.50	≤ 25	≤ 24	≤ 22

3）填石路堤填筑至设计标高并整修完成后，其施工质量应符合《公路路基施工技术规范》JTG/T 3610—2019 中的规定。

4）填石路堤成型后的外观质量标准如下：路堤表面无明显孔洞；大粒径石料应不松动，铁锹挖动困难；边坡码砌紧贴、密实，无明显孔洞、松动，砌块间承接面向内倾斜，坡面平顺；上边坡不得有危石，路基边线与边坡不应出现单向累计长度超过 50m 的弯折。

5）填石路堤质量控制标准见表 3–6。

填石路堤施工质量标准 表 3–6

项次	检测项目		规定值或允许偏差		检查方法和频率
			高速、一级公路	其他公路	
1	压实		孔隙率满足设计要求		密度法：每 200m 每压实层测 1 处
			沉降差≤试验路段确定的沉降差		精密水准仪：每 50m 测 1 个断面，每个断面测 5 点
2	纵断高程（mm）		+10，–20	+10，–30	水准仪：每 200m 测 2 点
3	弯沉（0.1mm）		满足设计要求		按质量检验评定标准
4	中线偏位（mm）		≤ 50	≤ 100	全站仪：每 200m 测 2 点，弯道加 *HY*、*YH*2 点
5	宽度（mm）		满足设计要求		尺量：每 200m 测 4 处
6	平整度（mm）		≤ 20	≤ 30	3m 直尺：每 200m 测 2 处 ×5 尺
7	横坡（%）		± 0.3	± 0.5	水准仪：每 200m 测 2 个断面
8	边坡	坡度	满足设计要求		尺量：每 200m 测 4 点
		平顺度	满足设计要求		

4. 高填方路堤施工

（1）一般规定

1）路堤填筑高度在 20m 以上时，为高填方路堤。

2）基底承载力满足设计要求，特殊地段或承载力不足的地基按设计要求进行处理；覆盖层较浅的岩石地基，应清除覆盖层。

3）高路堤段应优先安排施工，预留 1 个雨期或 6 个月以上的沉降期。

（2）施工工艺流程

高填方路堤施工工艺流程参见图 3-19。

（3）施工要点

1）详细核实边坡坡度、排水系统的可行性。核实软土等不良地质路段的特殊地基处理设计方案的可行性。

2）填料优先选用强度高、水稳性好的材料，或选用轻质材料。受水淹浸的部分，采用水稳性和透水性好的材料。

3）通过实地勘察、试验等，提出施工方案，报监理单位审批。必要时，对施工方案进行专家论证。

4）优先安排施工，并做好临时排水系统。

5）严格按照设计的填筑宽度填筑，不得缺填、补填。

6）必要时，基底应设置盲沟、渗沟或反滤层等截、排水设施。

7）按照设计要求控制填筑速度。

8）进行沉降和位移观测。

①在高填方路堤施工过程中和预压期内进行沉降和位移观测，以监测路堤变形情况，控制填筑速度，指导施工；并根据实测资料推算评估工后沉降，指导后续工程施工。

②沉降通过地表型沉降计（沉降板或桩），位移通过地表水平位移桩（边桩）进行监测；必要时设地下水平位移计（测斜管）对地下土体分层水平位移量进行监测。

③观测点的位置、数量及埋设严格按照设计或合同文件的要求执行。

④沉降和位移观测要遵循“五固定”原则：依据的基准点、工作基点和被观测点点位要固定；仪器、设备要固定；观测人员要固定；观测时的环境条件基本固定；观测路线、镜位、程序和方法要固定。

⑤施工中严格按要求的观测方法和频率对沉降和位移进行跟踪观测，对观测资料及时进行整理和汇总分析，及时指导施工和提供给相关单位作为评估依据，并作为质量资料归档。

⑥当路堤中心沉降速率大于 1.0cm/d 或坡脚水平位移速率大于 0.5cm/d 时，立即停止填筑，增加观测频率，待观测值恢复到限界值以下时恢复填筑。

（4）质量控制要点

除参照一般路堤填筑的要求外，高填方路堤施工应执行监理旁站制度，重点监理“五度”，即松铺厚度、填筑宽度、压实度、平整度、横向坡度。

（5）高填方路堤检测与观测

1）监测项目与仪器（表 3-7）

2）观测点设置

观测点的位置、数量及埋设按设计或合同文件要求确定。

3）监测频率及要求

按设计或规范要求频率进行监测。每次监测均应按规定格式做好记录，并及时整理、汇总分析监测结果，将其作为工程验收的资料归档。

高路堤监测项目与仪器　　表 3–7

监测项目	仪具名称	目的与用途
地下上体分层、水平位移	地下水平位移计（测斜管）	用于稳定监控和研究，掌握分层位移量，推定土体剪切破坏位置
路堤沉降量	地表型沉降计（沉降板或桩）	用于工后沉降监控，预测工后沉降趋势，确定路面施工时间

5. 半填半挖路基施工

半填半挖路基施工，包括半填半挖路基、路堤与桥涵、路堤与隧道，以及路堤与路堑过渡段施工。

（1）一般规定

1）半填半挖地段填料严格控制填料种类，选用适宜性、材质较好的填料；填筑时，严格处理横向、纵向、原地面等结合面，确保路基的整体性。

2）按规范清理半填断面的原地面，并从填方坡脚起向上设置向内侧倾斜 3% 的台阶，台阶宽度大于等于 2m，在挖方一侧，台阶与每条行车道宽度一致，位置重合。

（2）半填半挖路基施工工艺流程

半填半挖路基施工工艺流程如图 3–28 所示。

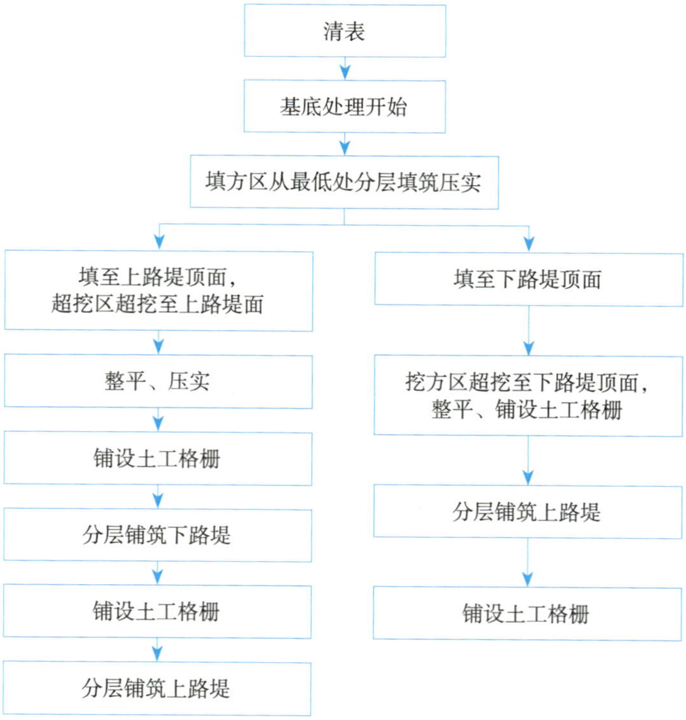

图 3–28　半填半挖路基施工工艺流程

（3）施工要点

1）受碾压设备自身的影响，按照正常的碾压在台阶局部存在碾压空白区，在台阶接合部位增加横向碾压。

2）结合部有地面水汇流的路段，在施工前做好临时排水沟导、排水流；结合部的原坡面有地下水露出时，根据设计文件或规范要求设置截、排水盲沟等设施。

3）施工前及施工过程中，详细查看半挖基底和坡面是否有渗水，如有渗水，根据渗水情况设置防、截、疏导水流设施，特别是填土、土石的半填半挖路段。

4）铺设土工格栅

①铺设的路基表面整平，以符合土工格栅铺设的平整度要求。

②铺设土工格栅时，拉直平顺，紧贴下承层，不能出现扭曲、褶皱、重叠现象，用人工拉紧。

③采用 U 形锚固钢筋将其固定在下压实层，锚固钢筋的长度和间距符合设计要求。

④铺设土工格栅时，将强度高的方向垂直于填挖交界的轴线方向布置；两幅土工格栅之间的连接必须牢固，其搭接宽度为 20cm，自由端每 2m 采取折回固定，并采用下一层填筑路基材料进行压覆。

⑤土工格栅铺好，及时填筑上层填料，填土时不能移动土工格栅，在土工格栅上填筑上层填料时采用倒卸法，禁止运料车及其他施工机械在土工格栅上直接碾压。土工格栅不能长时间在野外暴露，剩余土工格栅及时放回库房。

⑥施工中随时检查土工格栅的质量，发现有折损、撕裂等损坏时，及时更换。

（4）质量控制要点

1）横向半填半挖地段

①认真清理半填断面的原地面，将原地面挖成台阶，再进行分层填筑。

②分层填筑，避免因填筑不当，出现路基纵向裂缝。

③填筑时，从低处往高处分层摊铺碾压，特别注意填、挖交界处的拼接，铺设双向土工格栅，碾压做到密实、无拼痕。

④半填半挖路段的开挖，须待半填断面原地面处理好，经监理工程师检验合格后，开挖上部挖方断面。对挖方中的非适用材料不得填在半填断面内。

2）纵向半填半挖地段

①清理半填断面填方路段的原地面，清理长度依据填土高度和原地面坡度而定，地面自然横坡或纵坡陡于 1：5 时，将原地面挖成台阶，每层台阶均切入稳固土层或岩层，形成台阶工作面，台阶顶做成 3% 的内倾斜坡。在挖方段设置不小于 10m 长的过渡段。

②纵向半填半挖地段填方，分层填筑，避免因填筑不当，出现路基横向裂缝。

③纵向填、挖交界处的开挖，将待填方原地面处理好并经监理工程师检验合格后，开挖挖方断面，对挖方中非适用材料不得用于填筑。

④纵向填、挖交界处填筑时，将从低处往高处分层摊铺碾压，特别注意填、挖交界处的拼接，铺设双向土工格栅，碾压要做到密实、无拼痕。

⑤纵向填挖交界处常伴随半填半挖横断面，在施工时按横向半填半挖要求妥善安排，做到纵、横交界填筑均衡，碾压密实、无拼痕。

⑥在上路床和下路床顶面各铺设一层土工格栅，铺设时采用搭接法，顺路线方向搭接，搭接宽度为20cm，锚固土工格栅采用直径10mm的钢筋弯制的铆钉，长度不小于20cm，锚固间距为1m × 1m。

6. 低填浅挖路基施工

（1）一般要求

挖除的表土可用于防护、绿化，此外，还可用作包边土或路肩培土。挖方及低填路基，为保证路槽底压实度，并使路面结构层处于干燥状态，须进行槽下处理。

基底开挖至路床下设计深度，路槽基底压实度满足要求后，分层碾压回填设计要求的填料。

（2）施工工艺流程

低填浅挖路基施工工艺流程见图3–19和图3–30。

（3）施工要点

1）按设计文件要求深度挖除原地基土，换填碎石土等材料并分层压实，以保证路槽下压实度。

2）按设计文件要求深度挖出原地基土，翻松后重新分层压实，以保证路槽下压实度。

3）路基开槽后应做好临时排水，并及时回填压实，以免雨水浸泡基底。

4）注意回填要及时，坚持小段成型的原则，填筑以高出原地面为原则，以形成自然排水沟，免受水害。

5）路床顶面以下0~800mm范围内的压实度，不小于规范要求。

（4）质量控制标准

严格按照规范及评定标准执行。

作业

年　　月　　日

项目名称	路基施工		任务名称	土方路堤填筑施工技术	
班　　级		姓　　名		学　　号	
备注:					

一、绘图题

1. 画出道路结构图。

2. 画出土方路堤填筑施工工艺流程图。

二、单项选择题

1. 路基施工中每种填料的填筑层压实后的连续厚度不宜小于（　　）。

A. 20cm　　B. 30cm　　C. 40cm　　D. 50cm

2. 潮湿或冻融敏感性小（好土）的填料应填筑在路基的（　　）。

A. 上层　　B. 下层　　C. 中层　　D. 任意层

3. 路基施工中性质不同的填料，应分层填筑，（　　）压实。

A. 分层　　B. 人工　　C. 多层　　D. 竖直

4. 采用压路机碾压土路基时，应遵循（　　）及轮迹重叠等原则。

A. 先重后轻、先静后振、先低后高、先慢后快
B. 先轻后重、先静后振、先低后高、先慢后快
C. 先轻后重、先振后稳、先高后低、先慢后快
D. 先重后轻、先振后稳、先低后高、先快后慢

三、多项选择题

1. 路基的三种结构类型为（　　）。

A. 路堤　　B. 路堑　　C. 填挖结合　　D. 全填全挖

2. 路基施工的基本方法有（　　）。

A. 人工施工　　B. 简易机械化施工　　C. 机械化施工　　D. 爆破施工

3. 路堤的填料不应使用（　　）。

A. 有机土　　B. 砂　　C. 粉质黏土　　D. 冻土

四、判断题

1. 垃圾可用于路基填筑。（　　）
2. 路基施工中每种填料的松铺厚度应通过试验段确定。（　　）
3. 路基每一填筑层压实后的宽度应大于设计宽度。（　　）
4. 填方几个作业段施工时，接头部位如不能交替填筑，则先填路段应分层留台阶。（　　）

土方路堤填筑施工方案

班级：　　　　组别：

项目名称	路基施工	成员签名	
任务名称	土方路堤填筑施工		

组　　长：
日　　期：

任务 3.3　石方路堑开挖施工技术

【教学目标】

1. 掌握路基开挖的方法；
2. 掌握挖方路基的种类；
3. 掌握石方路堑爆破施工要点及安全注意事项；
4. 了解爆破队伍的选择。

码 3-5　石质路堑施工

3.3.1　石方路堑爆破施工工艺流程

石方路堑爆破施工工艺流程如图 3-29 所示。

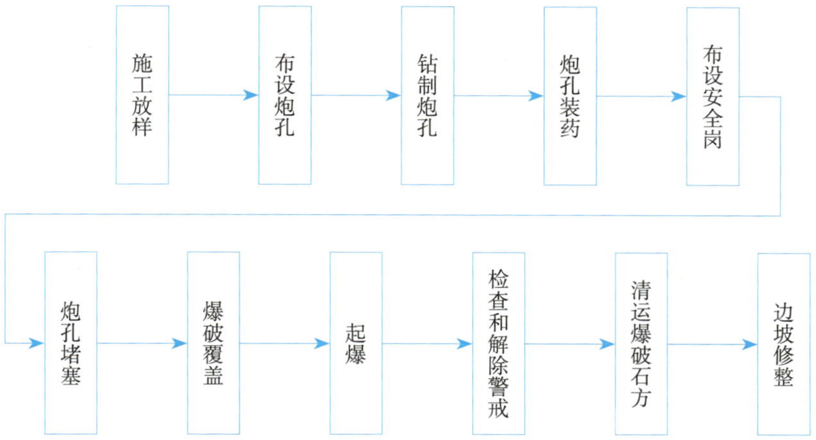

图 3-29　石方路堑爆破施工工艺流程

3.3.2　石方路堑爆破施工要点

1. 施工放样

根据设计资料，复核路基中桩。根据实际的地面高程确定开口线的位置，用白灰撒开口线，经核查、审批后方可施工。

2. 布设炮孔

炮孔必须按照设计好的爆破参数准确地在爆破体上进行标识，不能随意变动设计位置。布孔前应先清除爆破体表面积土和破碎层，根据施工测量确定的边坡线，从边坡光面爆破孔开始标定，然后进行其他孔位的布置。布孔完成后，应认真进行校核，实际的最小抵抗线应与设计的最小抵抗线基本相符。

3. 钻制炮孔

在钻孔过程中，应严格控制钻孔的方向、角度和深度，特别是边坡光面爆破孔的倾斜度，应严格符合设计要求。孔眼钻进时应注意地质的变化情况，并做好记录，遇到夹层或与表面石质有明显差异时，应及时进行研究处理，调整孔位及孔网参数。钻孔完成后，及时清理孔口的浮渣，清孔直接采用胶管向孔内吹气，吹净后，应检查炮孔有无堵孔、卡孔现象，以及炮孔的间距、眼深、倾斜度是否与设计相符。若和设计相差较多，应对参数适当调整，如果可能影响爆破效果或危及安全生产，应重新钻孔。先行钻好的炮孔用编织袋将孔口塞紧，防止杂物堵塞炮孔。

4. 炮孔装药

装药前，要仔细检查炮孔情况，清除孔内积水、杂物。装药过程中应严格控制药量，按每孔的设计药量分好，边装药边测量，以确保装药密度符合要求。为确保能完全起爆，起爆体应置于炮孔底部并反向装药。

5. 炮孔堵塞

堵塞物用黏土和细砂拌合，其粒度不大于 30mm，含水率为 15%~20%（一般以手握紧能使之成形，松手后不散开，且手上不沾水迹为准）。药卷安放后立即进行堵塞，首先塞入纸团或塑料泡沫，以控制堵塞段长度（光爆孔口预留 1~1.5m，主爆孔口预留 2~2.5m），然后用木炮棍分层压紧捣实，每层以 10cm 左右为宜，堵塞中应注意保护好导爆索。

6. 爆破覆盖

爆破覆盖是控制飞石的重要手段，施工中采用两层草袋覆盖，先在草袋内装入砂土，覆盖后将排间的草袋用绳子连成一片，草袋覆盖时要注意保护好起爆网络。爆破石方表面是土或风化砂砾时，必须保留表土或风化砂砾 10~50cm，以减少草袋覆盖。

7. 连接起爆网络

根据设计的起爆网络图示进行电雷管、火雷管的起爆网络连接，连接好后，进行网络的检查，检查完全无问题后进入起爆程序。

8. 起爆

整个起爆过程中由专人统一指挥，起爆前对整个警戒区内进行全面的安全检查，确保无安全隐患后，由指挥人发出三次预警，在第三次预警哨声发出时，爆破员立即进行起爆工作。对于火雷管要由专人清点爆破雷管的数量，以便检查雷管是否全部起爆。

9. 检查和解除警戒

起爆完成 15min 后，由专业技术人员进入爆破现场进行检查，主要检查雷管和炸药是否全部爆炸，如果出现瞎炮要采取相应措施。

点火后未爆炸的炮称为瞎炮。瞎炮不仅费工费料，影响施工进度，而且给处理工作带来很多困难，在施工中应注意防止产生瞎炮。一旦出现瞎炮，应立即查明原因，研究处理办法。

产生瞎炮的原因一般有：雷管、导火索受潮失效；导火索与雷管接头脱开；堵塞炮眼时导火索被拉断；炮眼潮湿有水；点炮时漏点等。

处理瞎炮时，先找出瞎炮位置，在其附近重新打眼，使瞎炮同新炮一起爆炸，如瞎炮为小炮且为一般炸药时，可用水冲洗处理。

在无安全隐患后，报告指挥人员发出指令解除警戒。

10. 清运爆破石方

每次爆破完毕后，组织人员和机械进行爆破石方的清运工作，挖掘机把石方清除后，测量高程，高出设计高程的要进行铲出，无法用挖掘机挖掉的大块石方必须再进行布孔二次爆破，直到符合设计要求为止。低于高程的要进行回填碾压，碾压到施工规范的压实度，达到设计高程为止。

11. 边坡修整

应对边坡进行修整，边坡表面的破碎岩石要全部清除，按设计要求进行刷坡。

（1）石质挖方边坡应顺直、圆滑、大面平整。边坡上不得有松石、危石。

（2）挖方边坡应从开挖面往下分级清刷边坡，下挖 2~3m 时，应对新开挖边坡刷坡，对于软质岩石边坡可用人工或机械清刷；对于坚石和次坚石，可使用炮眼法、裸露药包法爆破清刷边坡，同时清除危石、松石。清刷后的石质路堑边坡不应陡于设计坡度规定。

（3）石质路堑边坡如因过量超挖而影响上部边坡岩体稳定时，应用浆砌片石补砌超挖的坑槽。

3.3.3 案例——路堑开挖施工

1. 工程概况

（1）项目性质及功能

某工程经过东宁、绥芬河、穆棱、鸡西、密山、虎林、饶河、抚远、同江、萝北、嘉荫、逊克、黑河、呼玛、漠河等，是某省推进“沿边开发”，服务“一带一路”建设，完善以绥满国道为轴线、沿边丹阿公路为弧线的扇形公路网，重点打通丹阿、绥满等国道“瓶颈”路段，打造沿边高等级公路走廊，实现对边境口岸和沿边城镇的快速连接，为发展口岸贸易和边境旅游提供便捷通道，同时也可推进全域旅游规划，打造旅游强省，提升公路服务设施。

该工程的建成将沿线分散的旅游资源通过公路串联起来，实现集公路、通道、旅游服务、产业带动、景观为一体的公路服务体系，将国道 G331 沿黑龙江、乌苏里江沿边一线打造成一条富有神秘感和吸引力的“醉美龙江 331 边防路”，同时也很大程度上改善黑龙江沿线各地区间及通往沿江风景区的交通运输能力和路网现状，对提高现有公路的使用功能，推动沿线地区经济发展，带动沿线村镇及其旅游景点的发展融合，繁荣边境城镇，提供重要的基础工程，同时兼顾边疆防卫、守护边疆等，具有重要的经济和军事意义。

（2）项目起终点、路线走向和主要控制点

项目起始于佳木斯市抚远县，沿丹阿公路呈辐射布设，经佳木斯同江市，鹤岗市绥滨县、萝北县，伊春市嘉荫县，黑河市爱辉区，大兴安岭地区呼玛县，终止于大兴安岭地区塔河县，建设总里程 217.154km，其中主线黑河至卧牛湖改扩建项目 13.375km（主线 13.375km，连接线 2.216km），景区连接线工程 203.779km。主要控制点为项目所经村屯、乡镇、城市、景区等。

（3）自然概况

1）地理位置及地形、地貌

项目位于黑龙江省北部，沿 G331 国道布设，地理位置介于东经 134°29′~126°66′ 和北纬 48°36′~45°74′ 之间，路线总体走向由抚远镇向西南，经同江到达绥滨后转向西北方向，经萝北、嘉荫、黑河爱辉、呼玛至塔河。项目所在佳木斯地区地势平坦，属于平原地带，中、西部地区位于大、小兴安岭，地势起伏较大，属于山岭重丘区。沿线地表植被以耕地、林地、草地为主，部分存在湿地、冻土，同时分布景区、观光、游玩等娱乐设施。

2）工程地质条件

①一般地质情况

根据已有资料综合分析，路线地层分布较为复杂，大兴安岭地区广泛分布着第四纪沉积物。其表现为坡积、坡积崩积、冲积坡积和冲积沉积物，经常含有大量块状杂质的冲积砂土、砂质黏土、粉质黏土，以及含有砂土和砂质粉土－粉质黏土杂质的碎块土，沿分水岭表面相邻分布；黑河地区覆盖层为第四系堆积地层，基岩为玄武岩、花岗石、砂岩等，按岩土特性及地貌形态分为丘陵区、伊春地区在新华夏构造体系第二隆起带——张广才岭隆起带北侧、一级构造单元为兴安岭－内蒙地槽褶皱区，二级构造单元为伊春－延寿地槽褶皱系（Ⅳ），三级构造单元为五星－关松镇中间隆起带（Ⅳ 2）；山前平原区。沿线岩土层主要为黏性土层及风化砂岩，河谷低洼地段见基岩。沿线所经地区地表覆盖层下多为松散风化砂，工程地质稳定性较差；鹤岗地区属兴安岭、三江平原分区，大地构造位于合江边缘凹陷中的次一级构造单位——绥滨凹陷，是中生代形成，新生代继续沉降的大型凹陷，沉降幅度由西向东增大，已经处于稳定状态；同江、抚远地区上部为全新统人工堆积层（Q_4^{ml}）填筑土，下部为全新统低温滩冲积层（Q_{42}），粉质黏土多呈可塑状态，下部为中砂、粗砂、砾砂、圆砾等，抗滑稳定性好；水田地段由于水的浸泡呈软塑或软可塑状态，抗滑稳定性差。

②不良地质情况

全线不良地质地段主要是泥炭质土、失稳边坡岩体、塔头湿地、冻土、鱼池、涎流冰。

3）水文条件

沿线地表水主要为各河流径流，降雨多集中在 6~8 月。河流属于封冻性河流，其径流主要为源头泉水补给及大气降水（雨、雪）补给，因而河道径流与降水量相吻合，具有明显的季节性，降水季节分配不均，每年 4~10 月暖季降水量占全年的 90%~93%，其中 6~8 月就占 60%~70%。11 月份进入冬半年枯水期，冬半年降水均以雪的形式降落。地表积雪厚度一般在 20~50cm，待春季气温回升，积雪才能融化补给河流，河水上涨形成春汛。这样，河流径流量的季节分配是：春季占 10%~27%，夏季占 50%，秋季占 20%~30%，冬季占 4% 以下。干流径流量的年际变化也较大，丰水年的径流量约为枯水年径流量的 3.5~4.0 倍。地下水的来源有大气降水、汛期及洪水期供给。在河流枯水期，土层水渗入河流，在汛期（洪水期）河流又补给土层。上述两种供水会引起地下水水位在一年内或多年内发生周期性变化。地层水在一年内的最低水位是 3~4 月，最高水位是 7~9 月，在汛期（洪水期）漫滩冲积层土层达到水饱和状态。

4）气候条件

项目所经地区属寒温带大陆性季风气候。春季多偏南大风，降水少，易发生干旱，夏季气候温和，降雨集中，光照时间长，秋季则降温急剧，常有早霜危害，冬季严寒而干燥。大兴安岭地区年平均气温为 −3.5℃，极端最低气温为 −52.3℃，无霜期为 80~110d，年平均降水量为 746mm；最大冻土深度为 239cm，多年平均冻土深度为 233cm；黑河地区年平均气温为 −0.4℃，极端最高气温为 37.7℃，极端最低气温为 −44.5℃，平均降雪期为 212d，无霜期为 125d，结冰期为 227d，平均冻深为 233cm。6~8 月是降水集中期，全年降雨量在 519.9mm 左右，占全年降水量的 65.7%；伊春地区年平均气温为 0℃，最高气温为 37℃，最低气温为 −45℃，春季风大、雨少、蒸发快、易干旱，夏季湿热多雨，秋季寒潮侵袭、降温急剧，冬季严寒干燥，季节性最大冻深为 2.5m；鹤岗地区年平均气温为 1.3~2.4℃，最高气温为 37.5℃，最低气温可达 −41.6℃，年平均降水量为 470~500mm，降雨集中在 7~8 月，约占全年降水量的 50%，无霜期为 132~149d，最大冻深为 239cm，最大积雪厚度为 50cm；佳木斯同江市年平均气温为 2.2℃，1 月最冷，极端最低气温可达 −37.4℃，极端最高气温为 36.0℃。全年有 7 个月在 0℃以上，全年土壤结冻期在 210d 左右，积雪期在 150d 左右。

2. 路堑开挖施工方法及要点

（1）一般规定

1）开挖前要做好截水沟、排水沟等排水设施，形成完善的排水系统，保证水流畅通，保证施工作业面不积水。

2）要根据不同的地质情况，确定适宜的开挖方案。深挖路堑开挖时进行边坡稳定性监测。

3）不得乱挖超挖，严禁掏底、掏洞开挖；开挖坡面一次成形；开挖一级，防护一级。

4）开挖前开口线需经监理工程师复核；在开挖过程中，跟进测量复核，确保不欠挖、不超挖。超挖后，严格按规定的材料和工艺进行回填处理。

5）土质挖方开挖至路床后，先开挖排水边沟，并尽快进行路床施工。如不能及时进行，在设计路床顶高程以上至少预留 300mm 厚的保护层。

6）合理规划土石方调配方案，加强协调调度，填挖平衡，协调一致。在不增加永久占地、不危及周边安全等情况下，可利用弃方拓宽路基、设置停车港湾和观景台等。

7）核实土石方调配利用及弃方数量，核实停车港湾设置位置，避免在深挖方地段设置停车港湾而增加弃方量。

8）软弱松散岩质风化较严重地段，路堑开挖时必须及时做好边坡防护，防止岩层进一步风化。

9）路堑边坡坡率、边沟、防护和支挡等工程进行动态设计。

10）拟用作路基填料的土方，应分类开挖、分类使用。

11）土方开挖遇到地下水时，应按下列规定处理。

①应采取排导措施，将水引入路基排水系统，不得随意堵塞泉眼。

②路床上含水率高或为含水层时，应采取设置渗沟、换填、改良土质等处理措施；路床填料除应符合设计规定外，还应具有好的透水性和水稳性。

（2）路堑开挖施工工艺流程

土质路堑开挖施工工艺流程如图 3-30 所示，石质路堑开挖施工工艺流程如图 3-31 所示。

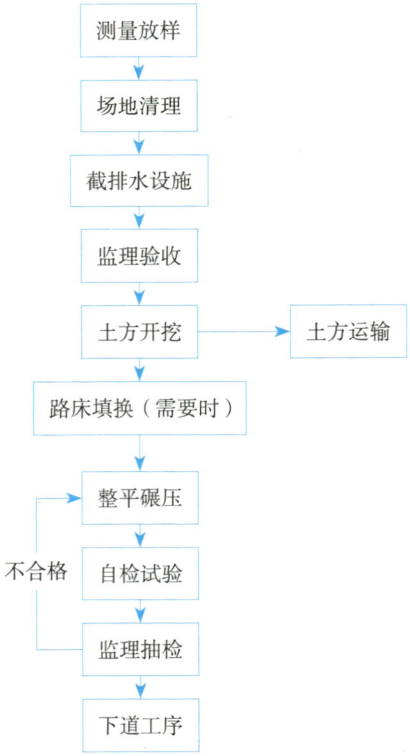

图 3-30　土质路堑开挖施工工艺流程

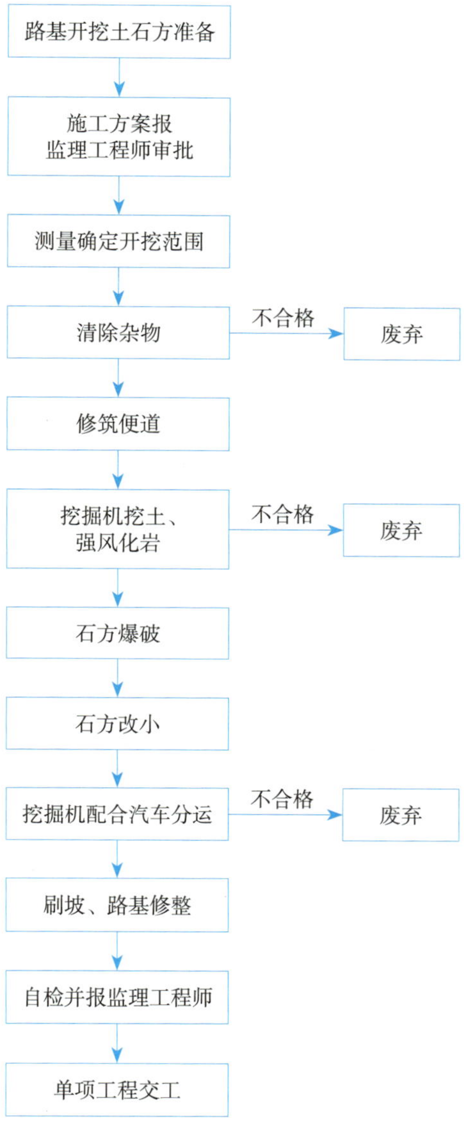

图 3-31　石质路堑开挖施工工艺流程

（3）施工要点

1）土质路堑

①路堑开挖应根据实际地形、地貌在适当位置先行设置截水沟，截水沟应与排水系统顺接，确保排水通畅。按照动态的管理模式，根据施工状况，不断维护和整修平台排水沟、坡面急流槽，确保施工作业面始终不积水。

②土方路堑开挖根据地面坡度、开挖断面、纵向长度及出土方向，结合土方调配距离，选用安全、经济的开挖方案。

③如作为路基填料的土方，要分类开挖，不能利用的土方作弃方处理。

④开挖坡度较大时，分成几个台阶进行开挖；较长的路堑采用纵挖法，按横断面全宽纵向分层开挖或采用通道式纵挖法开挖；超长路堑采用分段纵挖法开挖。

⑤开挖过程中，确保刷坡过程中设计边坡线外的土层不受到扰动，同时对已开挖的坡面进行复核，确保开挖坡面不欠挖、不超挖。

⑥当路床土含水量高或为含水层时，及时按照设计的盲沟采取换填、改良土质、土工织物等处理措施进行施工。

⑦土方开挖应自上而下进行，不得乱挖、超挖，严禁掏底开挖；开挖坡面必须一次性成形。

⑧必须根据现场实际情况，采取临时排水措施，将水导入路基排水系统，确保施工作业面不积水。

⑨边坡开挖揭露土质、地下水等与设计地质资料不符时，应及时汇报监理工程师，并综合其防护形式分析坡体稳定性，考虑是否需要设计变更；坡体开挖过程中，应与边坡动态变形监测同步进行，做好施工期间的坡体变形监测工作。

⑩开挖至路床部位时，应尽快进行路床施工，如不能及时进行，应在路床顶面以上预留至少 30cm 厚的保护层，待路床施工前挖除。

⑪ 路床施工前应先开挖两侧排水沟（纵向坡度不小于 1%），及时将雨水排出路基外，防止雨水集积危害路床。在渗水量大的部位有针对性设置仰斜排水孔，并在边沟底设置渗沟。

⑫ 在开挖至边坡线时，应预留 30cm 厚度以便刷坡，开挖一级、防护一级、绿化一级，并需保证边坡平台和坡面排水顺畅。

2）石质路堑

①爆破法开挖石方路堑施工

A. 施工前必须调查爆破区内有无空中缆线并查明其平面位置和高度；调查地下有无管线并查明其平面位置和埋置深度；同时应调查开挖边界线外的建筑物结构类型、完好程度、距开挖界距离等。

B. 爆破一般情况下采用中、小型爆破，严禁采用大爆破方案。

C. 根据确定的爆破方案，进行炮位、炮孔深度和用药量设计；设计图纸和资料必须报送监理和有关部门审批。设计时应考虑以下几点：

a. 应充分重视开挖边坡稳定，开挖风化较为严重、节理发育或岩层状对边坡稳定不利的石方，用小型排炮微差爆破。

b. 当岩层与路线走向基本一致，倾角大于 1°，且倾向道路或者开挖边界线外有建筑物，应在开挖层边界，沿设计坡面打预裂孔。

c. 按岩石外表、节理、裂隙等情况，分别选择正炮眼、斜炮眼、平炮眼或吊眼等。

②布孔与钻孔

A. 爆破施工员、测量员按爆破设计放出炮孔位置并标注，由钻工按要求钻孔，钻孔机械可选用冲击式钻机或潜孔钻；钻孔过程中严格控制孔位偏差和倾角。

B. 钻孔完成后，应对炮孔内的废渣予以清除，由质检人员逐个检查孔距、排距、孔深、倾斜度等，并与设计值对比，符合要求后，方可装药。

C. 炮孔装药、堵塞、起爆网络连接必须由持有爆破证的专职爆破员作业，起爆必须由爆破负责人统一指挥。

③出渣

A. 确认已经解除警戒且作业面上的危石检查处理后，清理出渣人员和机械方可进入现场。

B. 开挖石方横向调整，可用推土机推运，需要纵向远运时，用自卸汽车运输；对大块石料，可集中进行二次爆破。

C. 石方开挖可分幅或分段进行爆破，石方清除和打炮眼可轮流作业。

D. 采用机械清渣时，应从上至下分层进行，严防滚石、坍方伤人损机。

④石质路堑边坡清刷

A. 石质挖方边坡应顺直、圆滑、大面平整；边坡上不得有松石、危石。

B. 挖方边坡从开挖面往下分级清刷，每下挖 2~3m 时必须对新开挖边坡刷坡，软质岩石边坡用机械清刷，坚石和次坚石可使用爆破清刷边坡，同时清除危石、松石；清刷后的石质路堑边坡坡度不大于设计规定。

C. 石质路堑边坡因过量超挖造成上边坡岩体不稳定时，应修整成易于稳定填充的台阶形后，用浆砌片石（砂浆强度等级不得低于 M10）或水泥混凝土块补砌超挖部分。

⑤石质路堑靠近路床顶面时使用密集小型排炮施工，炮眼底标高宜低于设计标高 10~15cm，装药时宜在孔底留 5~10cm 的孔眼，装药量按松动爆破计算。

⑥石质路床有裂隙水时，应采用渗沟连通，渗沟宽不小于 30cm。渗沟底应略低于坑洼底，坡度不小于 3%，并与边沟衔接。如渗沟低于边沟，则应在路肩下设纵向渗沟，沟底应低于深坑洼底至少 10cm，宽度不小于 60cm；纵向渗沟由填方路段引出。渗沟应填碎石，并与路床同时碾压到规定的压实度。

⑦每次爆破完毕后，及时组织人员、机械进行爆破石方清运，测量标高，高出设计标高的应辅以人工凿平、铲出，低于标高的应采用级配碎石填筑，碾压密实稳固。

⑧边坡表面的破碎岩石要全部清除，按设计要求进行刷坡，开挖排水沟。

⑨废弃的爆破石渣应运至指定位置按设计要求堆放。

⑩石质挖方路段毗邻复杂管线、电力高压线、密集居民区及厂房等特殊环境，不适合采用爆破方案时，可考虑采用机械破碎等静态开挖方案。

3）深挖路堑施工要点

①深挖路堑的施工方法与普通路堑的施工方法基本相同，其开挖量大，施工时间长，影响边坡稳定的因素多，对深挖路堑必须编制专项施工方案，并经监理工程师审批。

②在施工前详细复查深挖路堑地段的工程地质资料，包括土层有关特性，不良地质，地下水情况等。

③开挖前，先修筑坡顶的截水沟。施工过程中逐级开挖，根据开挖情况随时进行地质核查。定期对边坡坡度进行测量，并及时加以修正。

④深路堑开挖遵循及时开挖、及时防护的原则，每开挖一级台阶立刻进行防护工程的施工。

⑤开挖时设置临时排水沟，将路堑内积水排出路基以外。每一级开挖完成后，及时按设计修筑平台及排水设施。

⑥每挖深 3~5m，应复测一次边坡。

（4）质量控制要点

1）土质路堑

①防、排、截水设施系统完善。

②严格控制开挖方式，选定合适的运输路线，保证运输道路安全、畅通。

③随时检查开挖界面，防止超挖和欠挖。

④经常检查开挖边坡的稳定性，防止边坡溜塌。

⑤路基表面平整，线形平顺、圆滑；边坡坡面平顺、稳定，没有亏坡现象，曲线圆滑；碎落台位置准确、整齐。

2）石质路堑

①路基表面平整，线型平顺，曲线圆滑；上边坡没有松石。

②石质边坡是否超挖。

③路床欠挖部分必须凿除。

④石质边坡坡面有渗水时，应结合坡面防护、边沟等做好渗水处理。严禁将渗水部分全覆盖砌筑。

⑤石质路床底面有地下水时，必须严格按照设计要求对地下水进行防、排、截施工。

⑥边沟是否满足设计要求，且是否满足使用要求。

⑦应逐级开挖，逐级按设计要求进行防护。

⑧施工过程中，每挖深 3~5m，应进行边坡边线和坡率的复测。

⑨爆破作业应符合现行《爆破安全规程》GB 6722—2014 的有关规定。

⑩严禁采用峒室爆破，靠近边坡部位的硬质岩应采用光面爆破或预裂爆破。

⑪ 爆破法开挖石方，应先查明空中缆线、地下管线的位置，开挖边界线外可能受爆破影响的建筑物结构类型，居民居住情况等，对不能满足安全距离的石方采用化学静态爆破或机械开挖。

⑫ 边坡应逐级进行整修，同时清除危石及松动石块。

（5）深挖路堑边坡稳定性监测

1）深挖路堑施工过程中进行边坡稳定性监测，以监控边坡的变形情况，揭示坡体稳定状态，控制施工进度，指导施工。

2）监测项目、仪器名称及作用见表 3-8。

监测项目与仪器　　　　表 3–8

监测项目	监测仪器	目的与用途
地表沉降量	全站仪、光电测距仪、水准仪	观测地表位移、变形发展情况
	标桩、直尺或裂缝计	观测裂缝发展情况
地下位移监测	测斜仪	探测稳定地层的地下岩体位移，证实和确定正在发生位移的构造特征，确定潜在滑动面深度，判断主滑动面，定量分析评价边（滑）坡的稳定状况，评判边（滑）坡加固工程效果
地下水位监测	人工测量	观测地下水位变化与降雨的关系，评判边坡排水措施的有效性
支挡结构变形、应力	测斜仪、分层沉降仪压力盒、钢筋应力计	支挡构造物变形观测，构造物与岩体间接触压力观测

3）观测点的位置、数量及埋设按设计或规范要求执行。

4）按设计或规范要求频率进行监测。

5）施工中严格按要求的监测方法和频率对边坡的稳定性进行跟踪监测。发现异常情况立即停止施工，报请有关部门检查处理后才能继续施工。

6）施工过程中可由施工单位技术人员用简单仪器进行监测。

7）及时对观测资料进行整理和汇总分析，以指导施工及提供给相关单位作为评估依据，并作为资料归档。

作业

年　　月　　日

项目名称	路基施工		任务名称	石方路堑开挖施工技术	
班　　级		姓　　名		学　　号	

备注：

一、单项选择题

1. 土质路堑开挖应（　　）开挖。

A. 自上而下　　B. 自下而上　　C. 从左到右　　D. 从右到左

2. 爆破施工队伍的选择应（　　）选择。

A. 随意　　B. 慎重　　C. 快速　　D. 以上三项均正确

二、判断题

1. 路堑开挖，路床未能及时施工时，应预留 30cm 厚度。（　　）
2. 路拱的设置目的之一是为了排水。（　　）
3. 爆破队伍的选择应遵守慎重的原则。（　　）
4. 爆破后的哑炮可不做处理。（　　）

项目 4

基（垫）层施工

【教学目标】

1. 掌握砂砾垫层的施工工艺及要点；
2. 掌握石灰稳定土厂拌法的施工工艺及要点；
3. 掌握水泥稳定级配碎石的施工工艺及要点；
4. 能够编制道路基层施工方案；
5. 能够进行道路基层的施工。

任务 4.1 砂砾垫层施工技术

【教学目标】

1. 掌握垫层的作用；
2. 熟悉垫层的结构类型；
3. 掌握砂砾垫层施工工艺与流程；
4. 掌握砂砾垫层的施工要点。

码 4-1 粒料垫层、基层施工

4.1.1 垫层的作用

垫层的作用是：调节和改善地基的水温状况，以保证面层和基层有必要的强度、稳定性、抗冻能力及基层的承载能力，减少土层的变形（始终保持路基处于干燥或中湿状态）。

4.1.2 垫层的结构类型

1. 透水性垫层：砂、砾石、片石、圆石、锥形石等。
2. 稳定性垫层：石灰、水泥、煤渣等。
3. 常用的垫层：砂垫层、砂砾垫层、碎石垫层。

4.1.3 砂砾垫层施工工艺流程

砂砾垫层施工工艺流程如图 4-1 所示。

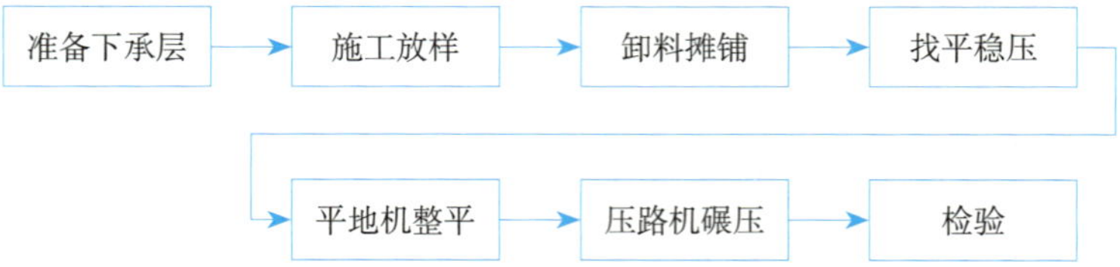

图 4-1 砂砾垫层施工工艺流程

4.1.4 砂砾垫层施工要点

1. 准备下承层

（1）下承层必须平整、密实，没有浮土、杂物、积水。

（2）施工作业段内不能有闲杂车辆、人员。

2. 施工放样

（1）放出中心桩边桩、三点桩（每 10m），钉上铁钎。

（2）在铁钎上用红笔或线绳标出应铺筑的松铺高度。

（3）用线绳挂出三条纵向的高度线（高度与红色线绳标出的高度一致）。

3. 卸料摊铺

运输车卸料如图 4–2 所示，其应满足如下要求。

（1）卸料位置要合适、均匀、按次序。

（2）要有专人指挥车辆按次序卸料，必要时可要求等待卸料。

（3）推土机沿中线方向略高于挂线高度向前均匀推进，不得压线碰钎子。

（4）两侧及中心线处配合人工摊铺。

图 4–2　运输车卸料

4. 找平稳压

（1）挂“米”格线。

（2）先线下找平，再在其他部位找平。

（3）将多余料运到前面。

（4）撤掉铁钎和线绳。

（5）推土机稳压两遍。

（6）配合人工，手推车进行找补。

5. 平地机整平

（1）整平顺序由中心至边缘。

（2）每次整平应让铲刀重叠 1/3 以上。

（3）平地机操作手必须听从工长和测量员指挥，按测量数据进行整平。

（4）平地机刮 2 遍，均刮至垫层边缘为止。平地机刮出的余料要集中堆放或及时运至前方作业段。

6. 压路机碾压

压路机如图 4–3 所示，碾压应满足如下要求。

（1）静压两遍，振压 4 遍。

（2）两侧边缘多压 3~4 遍。

（3）两侧路肩同时碾压。

（4）表面平整密实，无松散轮迹出现。

图 4-3　压路机

4.1.5　案例——路面垫层施工

1. 工程概况

（1）地理位置

某工程路线起点为哈尔滨至伊春公路 K177+650 处，里程桩号为 K433+600。利用哈伊公路 0.4km 后，离开旧路（哈伊公路 K177+250 处），基本在水田中前行，在 K443+700 处接县道庆安至绥棱旧路。路线除了为改善线形及避让城镇离开旧路外，其余基本利用旧路布线，本标段为 C16 合同段，主线起点桩号为 K433+600（哈尔滨至伊春公路 K177+650 处），终点桩号为 K457+000，全长为 23.4km；庆安支线起点桩号为 K0+000~K2+699.31，全长 2.699km。路线主要经过柳秧屯、卢海屯、郭富屯、杨生屯、王成明屯、冷福全屯、冷福阳屯、致富乡等。

（2）气候、水文及地质情况

1）气候情况

本工程地势东北高，西南低，主要河流有呼兰河、诺敏河、泥耳根河、克音河，年平均气温为 1.5℃，1 月平均气温为 –22.6℃，7 月平均气温为 21.8℃，年降水量为 574mm。

2）地质、水文情况

沿线所经地区为第四纪松散沉积层。上部为黏性土：粉质黏土、淤泥质粉质黏土，呈可塑 – 软塑状态；下部为砂性土：泥岩风化、卵石、砾石、中砂，分布、性能均匀。

（3）技术标准

1）公路等级：二级公路；

2）设计行车速度：80km/h；

3）行车道宽：2 × 3.75m；

4）硬路肩宽：2×1.5m，土路肩宽：2×0.75m；

5）路拱横坡度：路面、硬路肩为 1.5%，土路肩为 3%；

6）路基设计洪水频率：1/50。

（4）主要工程及数量

本标段主线起讫桩号为 K433+600~K457+000，全长为 23.4km；支线起讫桩号为 K0+000~K2+699.31，全长为 2.699km。全段土石方总量为 88 万 m^3，路面 25.6 万 m^2，下处理回填材料 31.2 万 m^3，小桥 5 座，箱涵 5 道，圆管涵 41 道，平面交叉 34 处。该标段某年主要工程数量见表 4–1。

某年主要工程数量表 表 4–1

序号	工程项目	单位	数量
2	路面工程		
	砂砾垫层厚 200mm	m^2	178446
	5% 水泥稳定砂砾底基层厚 200mm	m^2	272335
	5% 水稳砂砾底基层厚 180mm（平面交叉）	m^2	4548
	6% 水泥稳定砂砾基层厚 200mm	m^2	272335
	磨耗层厚 30mm（平面交叉）	m^2	10505
	泥结碎石路面厚 150mm（平面交叉）	m^2	9596
	培土路肩	m^3	21549

（5）资源状况

1）中砂：呼兰河；

2）碎石：疙瘩山；

3）砂砾：诺敏河；

4）水泥：浩良河、海伦亚泰集团生产的水泥。

（6）占地情况

1）基层拌合站设在王成明屯，桩号 K445+000 路线右侧 300m 处，共占地 20000m^2。

2）项目经理部驻地建在 K441+100 路线右侧 100m 处。

2. 路面垫层施工方案及工艺

（1）施工方案

本标段砂砾垫层（20cm）工程量为 178446m^2，配备工长 1 人、测量员 1 人、试验员 1 人、施工员 1 人，5 月 21 日开工，至同年 7 月 18 日完工，有效工作日为 47d，日进度为 3797m^2/300 延米。配备 D85 推土机 1 台，PY180 平地机 1 台，英格索兰压路机 1 台，15t 自卸汽车 20 台，劳动力 30 人。施工从 K449+800 往 K433+600 方向推进，然后从 K449+800 往 K457+000 方向推进，施工路面垫层。5 月 21 日至 6 月 30 日，完成

K433+600~K449+800 路面垫层；6 月 30 日至 7 月 18 日，完成 K449+800~K457+000 路面垫层，从大桩号往小桩号施工。

（2）施工工艺（图 4–4）

1）接收路基

①复测

根据施工图纸及原路基施工区所提供的点位（坐标点和水准点），对原路基进行中线复测、水准点复测，并将复测的结果报请监理工程师审批。

②路基复查

按相关标准的要求，对路基进行逐项检查，对不合格的路段在上报监理工程师认证后，采取相应的措施对其进行处理，以达到相关标准的要求。

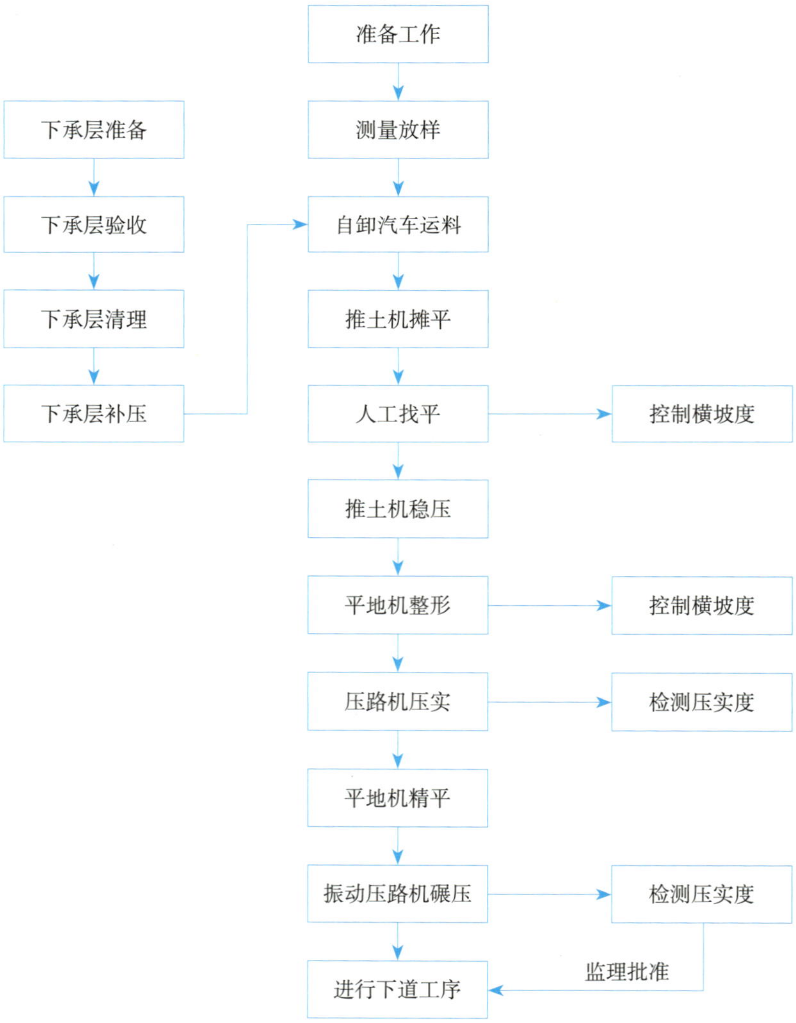

图 4–4　垫层施工工艺流程

③碾压路基

本标段的路基成型后经过一段时间的风吹日晒，表面出现松散现象。为了保证路基压实度及路面的施工质量，将根据路基的填筑材料采用相应的碾压机械对路基进行碾压。路基碾压程序为：在路基表面洒水→平地机整平→洛阳 18t 振动压路机碾压 3~4 遍→洒水→平地机整平→英格索兰压路机碾压 5~6 遍→检测各项技术指标。

2）施工放样

对要进行施工的段落进行测量放样，在设计几何尺寸基础上每边再宽出 10cm，用钢钎钉出两侧边线标桩，标桩间距为 10m，在标桩上用红色油漆标出本层设计标高。

3）洒水、清扫杂物

按垫层的宽度清扫杂物，并洒水润湿路基表面。

4）材料试验

所用各料场的材料必须在符合要求的试验室进行标准试验，并将试验结果提交给监理工程师审批，未经批准的材料不得使用，垫层所用材料应符合设计要求。

5）试验路段

在开工前 5d，提交试验路段施工方案的书面说明，送监理工程师批准。通过试验路段确定施工机械、松铺系数、施工方法、施工长度、一次铺筑的合适厚度。

（3）施工方法

1）用料计算与运输

①根据路段垫层的宽度、试验确定的一次铺筑厚度及松铺系数，计算各段需要的垫层材料数量；根据运料车的装载体积，计算每车材料的堆放距离。

②装车时，控制每车运料的数量基本相同。

③同一料场供应的路段内，根据计算的堆放距离由远至近卸置在验收合格的路基上；卸料距离严格掌握，避免材料不足或过多。料堆每隔一定距离留一缺口。

④堆入材料的时间不宜过长。运送材料只宜较摊铺工序提前一两天，并视天气是否晴朗而定。

2）摊铺

①用平地机或其他合适的机具将材料均匀地摊铺在预定的宽度上，表面力求平整，并具有规定的路拱。

②检验松铺厚度是否符合预计要求，必要时应进行减料或补料。

③摊铺后的砂砾，应无粗细颗粒离析现象，否则，用平地机进行补充拌合，再进行整平和整型。

3）碾压

①用推土机或压路机在初平的路段上快速碾压一遍，暴露潜在的不平整，再用平地机进行整平和整型。

②经过整平和整型，使垫层达到要求的路拱和纵坡，然后按试验路段所确定的压实施工方案，包括机具、遍数、速度以及注意事项，在全宽、全厚范围内，将垫层均匀地压实至重型击实最大密度的95%以上。

③一个路段碾压完成以后，应按批准的方法检测密实度。如果在铺下一层或工程验收之前，被检验的材料没有达到所需的密实度、稳定性，则应重新碾压、整型及整修。

作业

年　　月　　日

项目名称	基（垫）层施工		任务名称	砂砾垫层施工技术	
班　　级		姓　　名		学　　号	

备注：

简答题

1. 垫层的作用是什么？

2. 绘制砂砾垫层施工工艺流程图。

任务 4.2　石灰稳定土厂拌法施工技术

【教学目标】

1. 熟悉石灰稳定土厂拌法的施工方法；
2. 掌握路基石灰稳定土拌合站及路段设备；
3. 掌握石灰稳定土厂拌法的施工工艺与流程；
4. 掌握石灰稳定土厂拌法的施工要点。

码 4-2　石灰稳定土施工

4.2.1　石灰稳定土概念

在粉碎的或原来松散的土（包括各种粗、中、细粒土）中，掺入足量的石灰和水，经拌合、压实及养生后得到的混合料，当其抗压强度符合规定的要求时，称为石灰稳定土。

4.2.2　施工机械和设备

施工机械和设备包括拌合站（图 4-5）、运输车（图 4-6）、推土机（图 4-7）、摊铺机（图 4-8）、装载机（图 4-9）、压路机（图 4-10）等。

图 4-5　拌合站

图 4-6　运输车

图 4-7　推土机

图 4-8　摊铺机

图 4-9　装载机

图 4-10　压路机

4.2.3　石灰稳定土厂拌法施工工艺流程

石灰稳定土厂拌法施工工艺流程如图 4–11 所示。

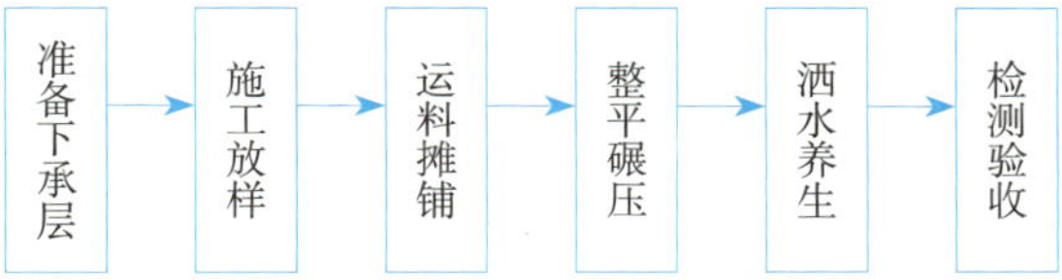

图 4–11　石灰稳定土厂拌法施工工艺流程

4.2.4　石灰稳定土厂拌法施工要点

1. 准备下承层

保证平整度、压实度、路拱等满足规范要求。

2. 施工放样

恢复中线，挂出边线。

3. 运料摊铺

如图 4–12 所示，在摊铺和运料时应防止石灰稳定土离析；摊铺机应匀速、缓慢，且有专人看护前行。

图 4–12　摊铺机摊铺石灰稳定土

4. 整平碾压

宜先用轻型两轮压路机跟在摊铺机后及时进行碾压，后用重型振动压路机、三轮压路机或轮胎压路机继续碾压密实，碾压时车辙重合，压至无轮迹为止，如图 4–13 所示。

图 4–13 压路机碾压

5. 洒水养生

洒水养生 7d 左右，期间封闭交通。

4.2.5 案例——石灰稳定土施工

1. 工程概况

（1）地理位置

某工程是河北省 2020 年高速公路布局规划“五级六横七条线”中的“五级”——张家口至石家庄高速公路保定段的连接线，也是滑庄至保定公路的一部分，是连接保定市、徐水县西部、满城线东部的一条主要通道。该工程地处保定市北面，纵贯满城县东部和徐水县西部。路线穿越区位于华北平原中部，地表植物多为农作物。路线所在区域位于燕山隆褶带的涞易隆裙区南段，路线穿越区内不存在不良地质路段。本地段地震基本烈度为Ⅵ度。

（2）气候、水文及地质情况

本工程位于暖温带半干旱大陆季风气候区，四季分明，无霜期年均 190d，年平均气温为 12.3℃，年平均降水量为 575mm，季节性冻土标准为冻结深度 65cm，气象条件十分有利于施工。

（3）技术标准

1）计算行车速度

本工程均采用一级公路标准，设计时速为 100km/h。

2）设计荷载

汽超—20 级、挂—120。

3）路基标准横断面

路基全宽为 30.0m，其中行车道 2×（2×3.75m），中央分隔带 6.0m，硬路肩宽 2×3.25m，路缘石宽 2×0.50m，路缘带宽 2×0.75m，两侧绿化平台宽各 3.00m。

2. 石灰稳定土施工方案和工艺

（1）施工方案

1）原材料：土、灰

除满足规范要点外，施工中的控制点为：

①石灰应符合三级以上标准，石灰在使用前 10d 充分消解并过筛（10mm 筛孔）；

②消石灰存放时间宜控制在 2 个月以内；

③一个作业段内采用土质相同的土（击实标准和灰剂量相同），以便对压实度进行准确控制。

2）运输

白灰的运输采用自卸车，装料前应将车箱各种杂物清扫干净，运输车辆共 15 辆。

（2）施工工艺

1）准备下承层

石灰稳定土的下一层应具有规定的路拱和横坡度，不得有翻浆及软弱部位。完工时间较长、表面浮土较厚的路基应洒水闷放一夜后使用三轮压路机碾压 1 遍。

2）放线

根据设计图纸，由测量员放出石灰上边线。

3）备土

用于制备石灰土的土必须符合规范要求，不含树皮、草根等杂物。备土前要用土培好路肩，路肩应同结构层等厚。根据松铺系数计算出单位面积内卸土数量为 $0.225m^2/m^3$。

4）整平

摊铺素土首先使用推土机粗平，再使用平地机精平。试验员测试素土的含水量，如小于石灰稳定土最佳含水量，用喷管洒水车洒水 1 遍。

5）备灰

备灰前，用压路机对铺开的松土碾压 1~2 遍，保证备灰时不产生大的车辙，严禁重车在作业段内调头。

备灰前应根据石灰剂量、不同含水量情况下的石灰松方干重度及石灰土最大干重度，计算每延米的石灰用量。

根据计算出的每延米石灰的松方用量，分两条成梯形状均匀备灰，并用卡尺逐段验收数量，不准用汽车直接大堆备灰。

备灰前应事先在灰条位置标出两条灰线，以确保灰条顺直。

铺灰前应在灰土的边沿打出标线，然后将石灰均匀撒在标线范围内，铺灰应由人工完成。

6）拌合

采用灰土拌合机拌合，铧犁作为附助设备配合拌合。

①土的含水量小时，应首先用铧犁翻拌一遍，将石灰置于中、下层，

然后洒水补充水分，并用铧犁继续翻拌，使水分分布均匀。考虑拌合、整平过程中的水分损失，含水量适当大些（根据气候及拌合整平时间长短确定）。土的含水量过大时，用铧犁进行翻拌晾晒。

②水分合适后，用平地机粗平一遍，然后用灰土拌合机拌合第一遍。

拌合时要指派专人跟机进行挖验，每间隔 5~10m 挖验一处，检查拌合是否到底。对于拌合不到底的段落，及时提醒拌合机司机返回重新拌合。

③桥头两端在备土时应留出 2m 空间，将土推入附近，拌合时先横向拌合两个单程，再进行纵向拌合，以确保桥头处灰土拌合均匀，第二遍拌合前，宜用平地机粗平一遍，然后进行第二遍拌合。

若土的塑性指数高，土块不易拌碎，应增加拌合遍数，并注意下一次拌合前要对已拌合过的灰土进行粗平和压实，然后拌合，以达到拌合均匀，满足规范要求为准。压实的密度越大，对土块的破碎效果越好，采用此法可达到事半功倍的目的，否则即使增加拌合遍数也收效甚微。拌合时拌合机各行程间的搭接宽度不小于 10cm。对于桥头处拌合同样采用先横向拌合 2 个单程，再进行纵向拌合。

7）石灰土整平

用平地机，结合少量人工整平。

①灰土拌合符合要求后，用平地机粗平一遍，消除拌合产生的土坎、波浪、沟槽等，使表面大致平整。

②用振动压路机或轮胎压路机稳压 1~2 遍。

③利用控制桩用水平仪或挂线放样，采用石灰粉做出标记，样点分布密度视平地机司机水平确定。

④平地机由外侧起向内侧进行刮平。

⑤重复③～④步骤，直至标高和平整度满足要求为止。灰土接头、桥头、边沿等平地机无法正常作业的地方，应由人工完成清理、平整工作。

⑥整平时多余的灰土不准废弃于边坡上。

⑦要点提示

A. 最后一遍整平前，宜用洒水车喷洒一遍水，以补充表层水分，有利于表层碾压成型。

B. 最后一遍整平时平地机应“带土”作业。

C. 切忌薄层找补。

D. 备土、备灰要适当考虑富余量，整平时宁刮勿补。

8）碾压

碾压采用振动压路机和三轮静态压路机联合完成。

①整平完成后，首先用振动压路机由路边沿起向路中心碾压（超高段自内侧向外层碾压），有超高段落由内侧起向外侧碾压，碾压采用大摆轴法，即全轮错位，搭接 15~20cm，用此法振压 6~8 遍，下层压实度满足要求后，改用三轮静态压路机速度的 1/2，错轮碾压 2~3 遍，消除轮迹，达到表面平整、光洁，边沿顺直。路肩要与路面一起碾压。

②要点提示

A. 碾压必须连续完成，中途不得停顿。

B. 压路机应足量，以减少碾压成型时间，合理配备为振动压路机 1~2 台，三轮静态压路机 2~3 台。

C. 碾压过程中应行走顺直，低速行驶。

D. 桥头处 10m 范围内横向碾压。

9）翻浆处理

遇石灰土大面积翻浆时，用拌合机拌合晾晒；遇石灰土小面积翻浆时，用人工挖除换填，然后刮平碾压成型。

10）养生

碾压成型路段及时封闭交通。采用洒水养生法使石灰土保持一定的湿度，洒水汽车要求为喷管式，速度限制在 20km/h，且不得掉头、急刹车和停留。在下层覆盖之前均应充分养生，因石灰稳定土施工可能经过雨期，应密切注意天气变化，及时调整施工安排并做好临时排水设施，防止雨水浸泡和冲刷混合料。

作业

年　　月　　日

项目名称	基（垫）层施工		任务名称	石灰稳定土厂拌法施工技术	
班　　级		姓　　名		学　　号	

备注：

简答题

1. 简述石灰稳定土概念。

2. 简述石灰稳定土基层拌合施工的要点。

3. 石灰稳定土基层产生缩裂的原因是什么？其防治措施有哪些？

任务 4.3　水泥稳定级配碎石基层施工技术

【教学目标】

1. 熟悉水泥稳定级配碎石的材料组成；

2. 掌握水泥稳定级配碎石施工工艺流程；

3. 掌握水泥稳定级配碎石施工要点；

4. 会编制施工方案。

码 4–3　水泥稳定级配碎石施工（1）

码 4–4　水泥稳定级配碎石施工（2）

4.3.1　施工机械和设备

施工机具和设备包括拌合站（图 4–14）、装载机、推土机、运输车、摊铺机（图 4–15）、压路机、四轮车等。

图 4–14　拌合站

图 4–15　摊铺机

4.3.2　拌合站及材料贮存

（1）拌合站场地需地势开阔、平整。

（2）拌合站场地需进行硬化。

（3）拌合站场地需有排水设施。

（4）拌合站各种材料需集大堆堆放，进行标识，不能混放。

（5）水泥需“下垫上盖”，放置在干燥的地方。如放置超过 3 个月，需重新检测，超 6 个月必须作废。

（6）拌合站需设在用电方便的地方。

4.3.3 水泥稳定级配碎石施工工艺流程

水泥稳定级配碎石施工工艺流程如图 4–16 所示。

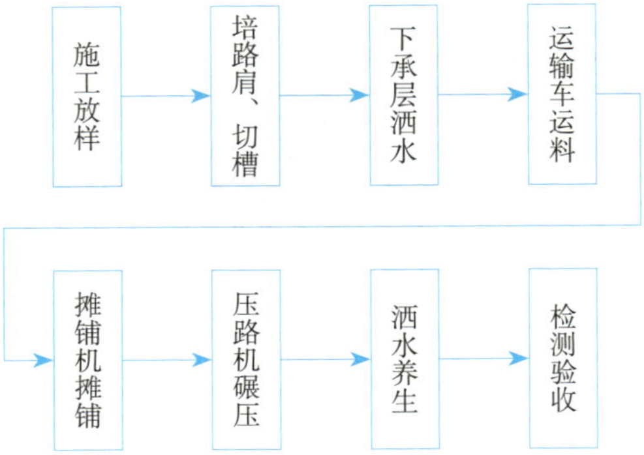

图 4–16　水泥稳定级配碎石施工工艺流程

4.3.4 水泥稳定级配碎石施工要点

1. 施工放样（图 4–17）

（1）在准备好的下承层上，按直线段每 10m，曲线段每 5m，用红钉钉出中桩及边桩位置。

（2）在红钉外侧 50cm 处垂直钉入钢钎，要保证钢钎牢固稳定。

（3）按实测的放样高程调整水平钢钎高度并固定好。

（4）在水平钢钎上挂钢丝线，然后用紧线器拉紧。

（5）对放样重新复核，确保位置及高程准确无误。

2. 培路肩、切槽（图 4–18、图 4–19）

（1）土为主要材料。

（2）用推土机稳压，再使用平地机刮平。

（3）将其垂直切开，切槽顺直、平整。

（4）每隔 20m 左右交错设置排水槽。

3. 下承层洒水（图 4–20）

保持下承层潮湿，不可过湿也不可起尘。

图 4–17　施工放样

图 4–18　路槽

图 4-19 路肩横向排水槽

图 4-20 下承层洒水

4. 运输车运料（图 4-21）

（1）不允许特大型运输车入场。

（2）运输车装卸应分为前、中、后，防止离析。

（3）当运距大于 5km 时应用苫布进行遮盖，避免水分蒸发。

（4）禁止在场内调头。

图 4-21 运输车运料

5. 摊铺机摊铺（图 4-22）

（1）摊铺前将底基层洒水湿润，检查摊铺机各部分运转情况。

（2）摊铺机就位前应调整好熨平板的宽度，并根据基层厚度调整好高度，垫好方木块。将电子调平装置安放在基准钢丝上，按设计横坡调整好摊铺机横坡仪，1 号摊铺机（靠中央分带侧）在前，左侧架设钢丝，摊铺机上安装横坡仪，控制摊铺层横坡；2 号摊铺机（靠路肩侧）右侧摊铺机上架设钢丝，左侧在摊铺好的层面上走“滑橇”。

（3）摊铺机应连续摊铺。根据拌合设备的生产能力，应采用合理的施工速度，禁止摊铺机停机待料。

（4）两台摊铺机一前一后，相隔 5~8m 呈梯队向前摊铺，并使混合料横向搭接 10cm，以免出现纵向错台，多余料由人工将其铺平。两机应保证速度、摊铺厚度、松铺系数、横坡度、摊铺平整度及振动频率一致。

图 4-22　摊铺机摊铺

（5）设专人指挥运料车向摊铺机内卸料。摊铺机前至少有 4~6 辆运料车等待卸料，方可开始摊铺，以保证摊铺工作连续进行，同时应使摊铺机受料斗中保持足够数量的混合料，以减少出现离析情况。

（6）摊铺速度设定为 1.5m/min 以内，要求做到匀速连续前进。摊铺时应有专人经常检查松铺厚度，发现问题及时进行处理。

（7）摊铺后应安排 2~3 人负责清除集料、离析粗集料堆或者粗集料带，并用新拌混合料填补，或加新料拌合均匀后填补整平。

6. 压路机碾压（图 4–23）

图 4–23　压路机压实

图 4–24　洒水

（1）先快后慢、先轻后重、先静后振、先低处后高处。

（2）一次碾压长度在 50~ 80m。

（3）压至无轮迹为止。

7. 洒水养生（图 4–24~ 图 4–26）

图 4-25　草袋养生

图 4-26　塑料薄膜养生

4.3.5　案例——路面底基层及基层施工

1. 工程概况

（1）工程简介

某工程路线走向由东向西，基本平行于松花江，地貌形态为沟谷交错，连绵起伏，相对高差较大，属于山岭重丘区。地表植被以耕地和林地为主。

码 4-5　水泥稳定级配碎石施工案例

（2）气候情况

路线所经地区为北温带大陆性季风气候，年平均气温为 3.2℃，最高气温为 36.4℃，最低气温为 –41.1℃，年降水量为 542.6mm，最大冻深为 2.2m，地面稳定冻结期为 11 月下旬，地面稳定解冻期为 4 月中旬。最大风速为 30m/s，平均风速为 4.3m/s。

（3）主要技术标准

佳木斯至沙河子段主要技术标准见表 4-2。

主要技术标准　　表 4-2

序号	指标名称	单位	技术标准
1	计算行车速度	km/h	80
2	路基宽度（全幅）	m	24.5
3	行车道宽度（全幅）	m	2 × 7.5
4	土路肩宽度（全幅）	m	2 × 0.5
5	硬路肩宽度（全幅）	m	2 × 3
6	中央分隔带宽度（全幅）	m	1.5
7	最小平曲线半径	m	400
8	最大纵坡坡度	%	5
9	最小纵坡长	m	200

续表

序号	指标名称		单位	技术标准
10	竖曲线最小半径	凸形	m	4500
11		凹形	m	3000
12	设计洪水频率		—	1/100
13	车辆荷载标准		—	汽车超 –20，挂车 –120

（4）主要工程及数量

本标段起讫桩号为 K304+000~K323+000，长度为 19km。路面主要工程数量表见表 4–3。

路面主要工程数量表　　表 4–3

序号	工程项目	单位	数量
1	5% 水泥稳定砂砾碎石底基层厚 300mm	m^2	32910
2	5% 水泥稳定砂砾（收费站）	m^2	2592
3	6% 水泥稳定砂砾碎石基层厚 200mm	m^2	32910
4	6% 水泥稳定砂砾（收费站）	m^2	2592
5	C15 水泥混凝土基层厚 220mm	m^2	3300
6	C15 水泥混凝土基层厚 240mm	m^2	3069
7	透层	m^2	31480
8	黏层	m^2	813200
9	细粒式沥青混凝土（AC10–I 厚 30mm）	m^2	5236
10	中粒式沥青混凝土厚 60mm（AC20–I）	m^2	170830
11	中粒式沥青混凝土厚 70mm（AC25–I）	m^2	123890
12	改性沥青中粒式沥青混凝土厚 50mm（AC16–I）	m^2	209310
13	现浇混凝土预制块镶边石	m^3	1357
14	土工布	m^2	172430
15	水泥混凝土面板（收费站）	m^2	2782

2. 路面基层及底基层施工方案及方法

（1）施工方案

主线路面水泥稳定砂砾碎石底基层（30cm）工程量为 32910m^2，路面水泥稳定砂砾碎石基层（20cm）工程量为 32910m^2、C15 水泥混凝土基层工程量为 6369m^2，有效工作日为 25d，设 1 个工区，工区内分 2 个作业组，一组负责水泥稳定砂砾碎石基层施工，另一组负责 C15 水泥混凝土基层施工。水泥稳定砂砾碎石基层施工作业组配备 1 套拌合设备、1 台稳定土摊铺机，配备 30 人，压路机 5 台，胶轮压路机 1 台，装载机 2 台，推土机 4

台，自卸汽车 20 台。C15 水泥混凝土基层施工作业组配备 1 套拌合设备、1 套三轴整平设备，配备 30 人，刻纹机 1 台，切缝机 2 台，发电机组 1 台，装载机 2 台，自卸汽车 20 台。

（2）水泥稳定砂砾碎石基层施工方法

1）施工前准备工作

①下承层准备如下：

A. 验收下承层，内容包括标高、宽度、横坡度、平整度、压实度、几何尺寸、弯沉，在与监理工程师共同认可后予以接收。

B. 在（底）基层施工前，应将下承层表面的浮土、杂物清除。若表层过干、过散，应适当洒水润湿。

②计算路段内各点的设计标高。

③进行详细的技术交底，使每个施工人员了解设计图纸，掌握规范及各项技术指标。

④对进场材料进行试验，得到监理工程师认可后方可进场。

⑤恢复中线，复核、加密水准点。

⑥人员、设备进场，进行分项工程开工报告。

2）试验段施工

①进行（底）基层施工前，应拟定不同的施工方案，对其进行分析评价，最终从中选出最佳施工方案。

②试验段位置应选择在地质条件、断面形式均具有代表性的路段，路段长度不小于 200m。

③试验段施工是对拟定施工方案的一种验证，应确定以下结果：

A. 通过试拌提出与设计级配相吻合的、稳定的混合料生产控制方法。

B. 通过试铺，调试现场工艺操作，确定混合料最佳含水量，适宜的松方系数，碾压遍数与组合方式，施工日进度，人、机、料要素最佳配备，使工艺与材料组成相协调，摊铺速度与碾压速度相协调。

3）集料摊铺

①摊铺时采用 2 台摊铺机单侧全幅摊铺。

②卸料后，开动摊铺机工作，摊铺机的行走速度应为先导段取得的合理速度，约 1~2m/min，尽量不停车。

③摊铺机工作时注意料斗进料情况，保证料斗进料饱满，同时防止料斗前堆料过多影响机械正常工作。

④摊铺时，严禁车辆和人员碰线。

⑤跟踪化验，完善配合比，确保水泥剂量满足设计要求，粒料级配控制在标准曲线之内。

⑥根据摊铺的速度和摊铺机的工作性能，以及拌合站与施工现场的距离确定运输车辆数量，保证施工的连续性。

⑦ 3~5 人每人推一辆手推车跟在摊铺机之后，手推车中装有新拌合料，及时清除粗集料堆和粗集料带，并用新拌合的混合料填补。

⑧根据施工时的气温或运距情况，对车上的混合料应加以覆盖，以防水分过度损失。

⑨在铺筑基层前，应在底基层顶面先撒少量水泥或水泥浆，以增强黏结性。

4）碾压

①每个作业面配备 2 台进口振动压路机、2 台光轮压路机（18~21t）和 1 台胶轮压路机跟机碾压。

②加水拌合到碾压结束的延迟时间不超过 2~3h。

③当含水量略大于最佳含水量时进行碾压。

④碾压应重叠轮宽的 1/2；每个碾压段以先导段为依据，每个碾压终了段用红旗标出。

⑤稳压速度控制在 1.5~1.7km/h，振压速度控制在 2.0~2.5km/h，稳压（静压）1 遍，振压 4 遍，再用光轮压路机碾压 2 遍，最后再用胶轮压路机终压。此碾压速度和组合方式以先导段得出的结论为依据。

⑥碾压时，停车位置不能在同一桩号，应呈阶梯状。

⑦严禁压路机调头、急刹车，停车要缓慢。

⑧碾压时设专人清除碾压摊移产生的壅包。

⑨碾压后用 4m 直尺逐段进行平整度检测，重点为施工接头处及碾压接头处。

5）接头处理

①将已铺完的基层料末端沿垂直路线方向切齐，要求横断面垂直，然后将准备好的方木紧贴末端放置，另一面用碎石回填约 1m 长，然后进行基层碾压，碾压后清除碎石、方木。

②接头处摊铺：熨平板应与已成型路面重叠 10cm，并在其下垫板条。板条厚加上已完路面的高度等于摊铺松方厚度。摊铺机起步时速度要略慢于正常摊铺速度。

6）养生

碾压终了应及时用草帘覆盖养生，养生时间不少于 7d，并在养生过程中，保证表面湿润，防止暴晒干裂，养生期间封闭交通并设立禁行标志及绕行标志。

4.3.6 作业指导书——水泥稳定混合料生产、摊铺及碾压施工

1. 一般规定

（1）对水泥稳定混合料，宜在拌合后 2.5h 之内完成碾压成型，对于 2.5h 不能完成的，应单独取样制件，并单独检测 7d 无侧限抗压强度是否满足设计要求，混合料应做延迟时间试验，超过容许延迟时间的混合料，必须作废料处理，不得用于现场摊铺。

（2）宜避免在雨期施工，且不应在雨天施工。

（3）应将室内重型击实试验法确定的干密度作为压实度评价的标准密度。

（4）水泥稳定底基层压实度不小于 97%；水稳基层压实度不小于 98%。

（5）必须配备足够的拌合、运输、摊铺、压实机械，机械具体数量至少应满足每个工作面、每日连续正常施工以及总工期要求。

2. 施工机械配备

（1）拌合站产量不小于 800t/h，保证其实际出料（生产量的 80%）能力超过实际摊铺能力的 10%~15%。至少要有 5 个进料斗，料斗下面应安装称量精度达到 ±0.5% 的电子秤，料斗上口必须安装钢筋网盖，筛除超出粒径规格的集料及杂物，料斗之间用挡板隔开，挡板高度不小于 1m，防止各规格集料混杂。

（2）拌合站钢制水泥料仓容量不低于 100t，料仓下面应安装称量精度达到 ±0.5% 的电子秤，不得通过电机转速计量水泥的添加量。罐仓内应配水泥破拱器，以免水泥起拱停流。

（3）加水量应采用自动流量计进行计量，水的流量数值应在中央控制室的控制面板上显示。

（4）水泥稳定碎石拌合站宜采用两次拌合的生产工艺，也可采用振动式拌合生产工艺，拌合时间应不少于 15s。

（5）拌合站应具备定期打印各档料仓使用量的功能。

（6）摊铺设备使用年限不超过 3 年，不低于中大 DT1800 性能，动力不小于 269kW，每个作业面宜配备 1 台摊铺机，摊铺机应备自动找平装置。摊铺后初始压实度应较高。

（7）现场应配备同品牌、同型号且生产年限相近且不小于 22t 的单钢轮双驱压路机 2 台、不小于 22t 的单钢轮单驱 1 台、不小于 30t 的胶轮压路机 2 台和不小于 13t 的双钢轮压路机 1 台。

（8）应配备 30t 以上的自卸运输汽车，形成不间断的供料车流。

（9）每作业面应配备不少于 6 台的 5000L 及以上（自吸自喷）洒水车。

3. 混合料拌合

（1）拌合场布置需符合甲方关于拌合站的相关要求且须位置适当。应考虑主线两头摊铺运料距离的长短，应综合考虑拌合、运输、摊铺和碾压的总时长以及材料进场、道路建设养护及取水、排水的便捷性。同时，应确保场地具有足够的机械作业和材料堆放面积。

（2）拌合场地面应按相关要求进行硬化。

（3）工程所需的原材料严禁混杂，细集料、袋装水泥严禁露天堆放，应放置于专门搭建的防雨棚或库房内。各档集料间需设隔离墙，进行分堆码放，并有明显的标识标志，严禁混料。

（4）施工前，应储备足够数量的材料。

（5）拌合设备及布置位置经批准后，即应进行设备安装、检测、调试与试拌。在正式试拌混合料之前，应先调试所用的设备，使混合料的级配组成和含水率都达到配合比设计的规定要求。原材料的颗粒组成发生变化时，应重新调试设备。

（6）在拌合过程中，应实时监测各个料仓的生产剂量，应及时查看各档料仓的使用量。当某档材料在混合料中所占比例不超过 30% 时，则其实际掺入量与设计值间偏差不得超过总量的 3%；当某档材料在配合比中所占比例超过 30% 时，则其实际掺入量与设计值间偏差不得超过总量的 4%。如实际偏差值高于上述允许偏差时，应立即停机检查原因，待符合上述规定后，方可继续生产。

（7）天气炎热或运距较远时，水稳混合料拌合时宜适当增加含水量，比最佳含水量高 0.5%~1.5%。高温作业时，早晚与中午的含水量要有区别，要按温度变化及时调整。

（8）水泥稳定混合料每隔 2h 测定一次含水率，每隔 4h 测定一次结合料的剂量，并做好记录。

（9）拌合机出料不允许采取自由跌落式的落地成堆、装载机装料运输的方法。在料斗中加挡板，防止出料口由于惯性产生离析。必须配备带活门漏斗的料仓，由漏斗出料直接装车运输。装车时车辆应前后移动，分三次装料，避免混合料离析。

4. 混合料运输

（1）每天开工前，要检验运输车辆的完好情况。装料前应将车厢清洗干净。

（2）应根据工程量的大小和运距的长短，配备足够的运输车辆。

（3）混合料运输车装好料后，应用篷布将厢体覆盖严密，直到摊铺机准备卸料时方可打开。

（4）水泥稳定混合料从装车到运输至现场，运输车辆应随车附带拌合小票，小票上需注明使用部位、施工配合比和加水时间。

5. 混合料摊铺

（1）应在下承层施工质量检测合格后，开始摊铺上层结构层。

（2）摊铺前应先将下承层清理干净，再喷洒水泥净浆，摊铺上层混合料。水泥净浆喷洒量为 1kg/m^2，且水泥净浆中水泥与水的质量比应不低于 1∶2。水泥净浆洒布与摊铺上层混合料间需做到工序衔接紧密。

（3）施工前测量放样，按摊铺机宽度与传感器间距，一般在直线上间隔 10m，在平曲线上间隔 5m，做出标记，并打好导向控制线支架。根据实测的地面高程和松铺系数，推算出松铺厚度，决定导向控制线高度，挂好导向控制线。用于控制摊铺机摊铺厚度的控制线的钢丝拉力应不小于 800N。摊铺过程中设立纵向模板。

（4）摊铺前应检查摊铺机各部分运转情况，而且每天坚持此项工作。

（5）由于采用全断面整体式摊铺，摊铺过程中应加强对水稳材料的离析控制，如果发现离析现象，应及时调整摊铺设备。

（6）对无法使用机械摊铺的超宽路段，应采用人工同步摊铺，修整，并同时碾压成型。

（7）摊铺机前宜增设橡胶挡板，橡胶挡板底部距下承层距离不宜大于 100mm。

（8）摊铺机宜连续摊铺，以匀速和不停歇为宜。摊铺机的摊铺速度一般宜在 2m/min 左右。

（9）当过境段等需要混合料摊铺，采用两台或多台摊铺机梯队作业时，摊铺机应一前一后保证速度、摊铺厚度、松铺系数、路拱坡度、摊铺平整度、振动频率等一致，两机摊铺接缝平整。

（10）摊铺机在安装、操作时应采取混合料防离析措施，如降低布料器前挡板的离地高度。在摊铺机后面应设专人消除离析现象，应该铲除局部粗集料窝，并用新拌混合料填补。

6. 混合料碾压

（1）碾压应遵循试验路段确定的程序与工艺，一次碾压长度宜在 30~40m。碾压段落必须界线分明，设置明显的分界标志，接茬复压长度不宜小于 2m，有专人指挥。

（2）水稳混合料应在略大于最佳含水量的状态下进行碾压。天气炎热干燥时，碾压时的含水率可比最佳含水量增加 0.5%~1.5%。

（3）应安排专人负责指挥碾压，严禁漏压和产生轮迹。

（4）每台摊铺机后面应紧跟单钢轮双驱压路机或胶轮压路机稳压 1~2 遍，压实度宜在 90% 以上；然后，再用胶轮压路机或单钢轮双驱压路机复压，碾压遍数根据实际情况确定，一般不低于 6 遍；最后采用双钢轮压路机“收面”压至无明显轮迹为止。注意稳压要充分，振压不起浪、不推移。稳压时，错轮不超过 1/2 的轮迹宽度。复压时，错轮不超过 1/3 的轮迹宽度。稳压速度宜控制在 2~4km/h，复压速度宜控制在 2~3km/h。

（5）压路机须增设限速装置。初压、复压和终压作业应密切衔接配合、一气呵成，中间不得停顿、等候和拖延，也不得相互干扰，宜尽量缩短全部碾压作业完成时间。如有局部晒干和风干迹象，应及时喷雾，严禁采用洒水车洒水。

（6）压路机倒车换挡要轻且平顺，不要拉动基层。在第一遍初步稳压时，倒车后尽量原路返回。换挡位置应在已压好的段落上，在未碾压的一头换挡倒车位置应错开，呈齿状。出现壅包时，应专配工人进行铲平处理。

（7）压路机停车要错开，且错开 3m 以上，应停在已碾压好的路段上，以免破坏基层结构。严禁压路机在已完成的或正在碾压的路段上调头和急刹车，以保证路面（底）基层表面不受破坏。

（8）在碾压过程中出现软弹现象时，应及时将该路段混合料挖出，重新换填新料碾压。

（9）碾压宜在混合料加水后 2h 内完成，并需达到压实度要求，同时确保基层表面无明显轮迹。

（10）为保证水泥稳定级配碎石基层边缘的压实度，在基层边缘宜采用型钢模板支撑或采用先培路肩后施工基层的施工工艺进行施工。

7. 接缝的处理

摊铺时必须连续作业不中断。因故中断时间超过延迟时间的，应设横缝；每天收工之后，第二天开工的接头断面也要设置横缝。当设置横向接缝时，要求在施工完毕前，应先超铺 3~4m，待碾压完毕后，用 3m 直尺检测平整度，并检测其他各项指标，待各项检测指标均符合规范要求后，方可确定此断面为接缝断面。第二天施工前，应先将断面处以外的混合料清除干净之后，摊铺机方可从接缝处起步摊铺。

8. 养生

（1）水稳混合料碾压完成并经压实度检查合格后，应及时养生。

（2）水稳混合料的养生期不宜少于 7d，养生期宜延长至上层结构开始施工的前 2d。

（3）养生必须采用土工布覆盖养生。

（4）养生期间必须封闭交通，洒水车侧面进行雾化洒水养护。

作业

年　　月　　日

项目名称	基（垫）层施工		任务名称	水泥稳定级配碎石 基层施工技术	
班　　级		姓　　名		学　　号	

备注：

一、简答题

试论述水泥稳定级配碎石的施工要点（至少 10 点）。

二、单项选择题

1. 基层摊铺中，若两台摊铺机全幅一次性摊铺，摊铺机前后一般应保持（　　）的距离。

A. 2~3m　　B. 5~8m　　C. 8~10m　　D. 10~15m

2. 基层摊铺碾压时，终端应呈（　　）。

A. 梯形　　B. 矩形　　C. 三角形　　D. 正方形

3. 水泥稳定级配碎石的洒水养生至少要（　　）。

A. 5d　　B. 7d　　C. 14d　　D. 2d

水泥稳定级配碎石施工方案

班级： **组别：**

项目名称	基（垫）层施工	成员 签名	
任务名称	水泥稳定级配碎石 基层施工技术		

组　　长：
日　　期：

项目 5

沥青混凝土路面施工

【教学目标】

1. 熟悉沥青混合料拌合站设置要求；
2. 掌握沥青混合料拌合的质量控制；
3. 掌握沥青混凝土路面摊铺的施工工艺及要点；
4. 能够编制沥青混凝土路面施工方案；
5. 能够进行沥青混凝土路面的施工。

任务 5.1　沥青混合料的拌合

【教学目标】

1. 了解沥青混合料拌合站场地建设要求；
2. 熟悉沥青混合料拌合站设置要求；
3. 了解沥青混合料对材料的要求；
4. 掌握沥青混合料拌合的温度控制；
5. 掌握沥青混合料拌合的质量控制；
6. 了解沥青混合料拌合站的机械设备。

码 5-1　沥青混合料的拌合

5.1.1　沥青混合料拌合站

1. 确定拌合站位置的原则

（1）综合运费最少，一般选择在路段中间；

（2）少占农田，尽量占用荒地或已有场地；

（3）用水、电方便；

（4）不扰民；

（5）有利于环保与安全；

（6）硬化费用低；

（7）复垦费用低。

2. 确定拌合站规模的原则

（1）尽量减少占地；

（2）满足机械作业要求；

（3）一般面积为 2 万 ~3 万 m^2。

3. 拌合站（图 5-1）设置

（1）拌合站宜设置在摊铺路段的中间位置。拌合站内部布置应满足原材料储运、混凝土运输、供水、供电、钢筋加工等使用要求，并尽量紧凑，减少占地。

（2）拌合站应保障搅拌、清洗、养生用水的供应，并保证水质。供水量不足时，拌合站应设置与日搅拌量相适应的蓄水池。

（3）拌合站应保证充足的电力供应。电力总容量应满足全部施工用电设备、夜间施工照明及生活用电的需要。

（4）应确保摊铺机械、运输车辆及发电机等动力设备的燃料供应。离加油站较远的工地宜设置油料储备库。

4. 沥青拌合站的机械及设备的选择（表 5-1）

沥青拌合站设备表　　表 5-1

沥青拌合站的机械及设备	用途
沥青混合料拌合站	拌制沥青混合料
装载机及推土机	给拌合机上料
沥青乳化机	制备乳化沥青
改性沥青制备设备	制备改性沥青
地秤	用于计量收发料的数量
供电设备	拌合站供电

图 5-1　拌合站

5. 沥青混合料拌合站的选型原则

（1）有足够大的生产率，保证摊铺作业连续；

（2）有足够准确的计量配比精度；

（3）温度控制精度应达到要求；

（4）距离施工地点较近，以减少运输时间和运输费用；

（5）环保性能达到当地的标准；

（6）设备适应能力强。

6. 施工设备选型的注意事项

（1）同一道工序或一个作业面应使用技术性能相同的设备；

（2）所选的设备应符合生产安全和当地环境保护的要求；

（3）设备的技术状况对施工质量影响很大，技术状况不好或达不到性能指标的设备、故障频繁的设备，施工中不可能满足施工质量要求；

（4）机械操作人员的技术水平对工程质量的影响也非常大，如果操作人员的技术不熟练，即使使用先进的设备也不能保证工程质量。考察操作人员的技术水平，可以了解他们参加了哪些重要工程，再了解该工程的施工质量，就可以对操作人员的技术水平给予基本的评价。

5.1.2 沥青混合料的拌合

1. 试拌

在拌制沥青混合料之前，应根据确定的配合比进行试拌，试拌时对所用的各种矿料及沥青应严格计量。通过“试抽样检验”确定以下项目：

（1）每盘热拌的配合比及其总质量（对间歇式拌合机）；

（2）各种矿料进料口开启的大小及沥青和矿料进料的速度（对连续式拌合机）；

（3）适宜的沥青用量、拌合时间；

（4）对试拌的沥青混合料进行试验之后，即可选定施工配合比。

2. 拌合温度的控制

（1）为使沥青混合料拌合均匀，在拌制时，需要控制矿料和沥青的加热温度与拌合温度，各类沥青混合料的拌制、运输及施工温度应满足表 5-2 的要求。

各类沥青混合料的拌制、运输、施工温度表　　表 5-2

工序	普通沥青	SBS 沥青	测量部位
沥青加热温度（℃）	140~160	170~180	沥青加热罐
改性沥青制作温度（℃）	—	180~190	改性沥青配套设备
改性沥青加工最高温度(℃）	—	190	改性沥青配套设备
集料加热温度（℃）	150~170	180~200	热料仓
混合料出厂温度（℃）	140~170	180~200	运料车
混合料最高温度（℃）	185~200	210	运料车
混合料运输温度（℃）	135~155	180~190	运料车
摊铺温度（℃）	130~150	不低于 175	摊铺机
初压开始温度（℃）	120~135	不低于 170	摊铺层内部
复压最低温度（℃）	不低于 110	不低于 140	碾压层内部
碾压终了温度（℃）	不低于 70	不低于 120	碾压层内部
开放交通温度（℃）	不高于 50	不高于 60	路面内部或路表
施工最低温度（℃）	5	10	

（2）间歇式拌合机每锅拌合时间宜为 30~50s，其中干拌时间不得少于 5s。经过拌合后的混合料应均匀一致，无细骨料和粗骨料分离及花白、结团块的现象。

3. 拌合质量的控制

热拌沥青混合料的拌合是极其重要的过程，必须严格控制施工过程，保证拌合质量。

（1）及时完成检验、试验工作。施工前必须完成各项检验、试验工作，保证各项材料达到规定要求。

（2）拌合设备试运转。合理规划，生产之前，应进行拌合设备的安装和空运转，以检查设备状况。

（3）合理进行试拌。试拌包括干拌和湿拌。在试拌过程中进行材料配合比和沥青用量试验。

（4）严格控制材料的拌合温度。保证各种材料和混合料的拌合温度在规定的范围之内，应有专人进行温度检验。

（5）拌合均匀。必须保证合理的拌合时间，使混合料拌合均匀。

（6）严格进行检验。施工过程中按规定的频率进行沥青含量试验和材料配合比试验，确保沥青混合料品质。

5.1.3 案例——沥青混合料拌合

1. 材料要求

（1）粗集料

1）粗集料应该洁净、干燥、表面粗糙，质量应符合表 5–3 的规定。对受热易变质的集料，宜采用经拌合机烘干后的集料进行检验。

沥青混合料用粗集料质量技术要求表　　表 5–3

指标	单位	高速公路及一级公路		其他等级公路	试验方法
		表面层	其他层次		
石料压碎值，不大于	%	26	28	30	T0316
洛杉矶磨耗损失，不大于	%	28	30	35	T0317
表观相对密度，不小于	t/m^3	2.60	2.50	2.45	T0304
吸水率，不大于	%	2.0	3.0	3.0	T0304
坚固性，不大于	%	12	12	—	T0314
针片状颗粒含量（混合料），不大于 其中粒径大于 9.5mm，不大于 其中粒径小于 9.5mm，不大于	% % %	15 12 18	18 15 20	20 — —	T0312
水洗法小于 0.075mm 颗粒含量，不大于	%	1	1	1	T0310
软石含量，不大于	%	3	5	5	T0320

2）粗集料的粒径规格应按表 5–4 的规定生产和使用。

沥青混合料用粗集料规格　　　　表 5–4

规格名称	公称粒径（mm）	通过下列筛孔（mm）的质量百分率（%）												
		106	75	63	53	37.5	31.5	26.5	19.0	13.2	9.5	4.75	2.36	0.6
S1	40~75	100	90~100	—	—	0~15	—	0~5						
S2	40~60		100	90~100	—	0~15	—	0~5						
S3	30~60		100	90~100	—	—	0~15	—	0~5					
S4	25~50			100	90~100	—	—	0~15	—	0~5				
S5	20~40				100	90~100	—	—	0~15	—	0~5			
S6	15~30					100	90~100	—	—	0~15	—	0~5		
S7	10~30					100	90~100	—	—	—	0~15	0~5		
S8	10~25						100	90~100	—	0~15	—	0~5		
S9	10~20							100	90~100	—	0~15	0~5		
S10	10~15								100	90~100	0~15	0~5		
S11	5~15								100	90~100	40~70	0~15	0~5	
S12	5~10									100	90~100	0~15	0~5	
S13	3~10									100	90~100	40~70	0~20	0~5
S14	3~5										100	90~100	0~15	0~3

3）沥青路面的表面层（或磨耗层）粗集料的磨光值应符合表 5–5 的要求。

粗集料与沥青的黏附性、磨光值的技术要求　　　　表 5–5

雨量气候区	1（潮湿区）	2（湿润区）	3（半干区）	4（干旱区）	试验方法
年降雨量（mm）	>1000	500~1000	250~500	<250	《公路沥青路面施工技术规范》JTG F40—2004 的附录 A

续表

雨量气候区	1（潮湿区）	2（湿润区）	3（半干区）	4（干旱区）	试验方法
粗集料的磨光值 PSV 不小于 高速公路、一级公路表面层	42	40	38	36	T0321
粗集料与沥青的黏附性不小于 高速公路、一级公路表面层 高速公路、一级公路的其他层次及其他等级公路的各个层次	 5 4	 4 4	 4 3	 3 3	 T0616 T0663

4）粗集料与沥青的黏附性应符合表 5–5 的要求。

5）加工集料的筛孔尺寸必须与沥青拌合料的热料仓筛孔尺寸相对应，以便最大限度地使用进场碎石。各结构层集料加工规格要求见表 5–6。

各结构层集料加工规格　　表 5–6

沥青混合料	加工筛孔（mm）					
	3	6	11	18	24	30
AC–16	0~2.36	2.36~4.75	4.75~9.5	9.5~19		
AC–20	0~2.36	2.36~4.75		4.75~19	19~26.5	
ATB–25	0~2.36	2.36~4.75		4.75~19		16~31.5

（2）细集料

1）细集料应洁净、干燥、无风化、无杂质，并有适当的颗粒级配，其质量符合表 5–7 的规定。细集料的洁净程度，石屑和机制砂以砂当量（适用于 0~4.75mm）或亚甲蓝值（适用于 0~2.36mm 或 0~0.15mm）表示。

沥青混合料用细集料质量要求　　表 5–7

项目	单位	高速公路、一级公路	其他等级公路	试验方法
表观相对密度，不小于	t/m^3	2.50	2.45	T0328
坚固性（大于 0.3mm 部分），不小于	%	12	—	T0340
含泥量（小于 0.075mm 的含量），不大于	%	3	5	T0333
砂当量，不小于	%	60	50	T0334
亚甲蓝值，不大于	g/kg	25	—	T0346
棱角性（流动时间），不小于	s	30	—	T0345

2）规格要求：将S14与S16组合使用，S15可在沥青稳定级配碎石基层或其他等级公路中使用。

3）机制砂采用专用的制砂机制造，并选用优质石料生产，其级配应符合S16的要求。

（3）填料

沥青混合料的矿粉必须采用由石灰岩或岩浆岩中的强基性岩石等憎水性石料经磨细得到的矿粉，原石料中的泥土杂质应除净。矿粉应干燥、洁净，能自由地从矿粉仓流出，其质量应符合表5-8的技术要求。

沥青混合料用矿粉质量要求 表5-8

项目	单位	高速公路、一级公路	其他等级公路	试验方法
表观相对密度，不小于	t/m^3	2.50	2.45	T0352
含水量，不大于	%	1	1	T0103 烘干法
粒度范围小于0.6mm	%	100	100	T0351
外观		无团粒结块		
亲水系数		<1		T0353
塑性指数		<4		T0354
加热安定性		实测记录		T0355

（4）沥青

1）普通沥青、SBS改性沥青必须分开存放。主线ATB-25、连接线AC-16采用90号A级道路石油沥青，主线AC-20、AC-16采用SBS类（1-C）改性沥青，其质量应符合表5-9及表5-10规定的技术要求。

90号A级道路石油沥青技术要求 表5-9

试验项目	技术要求	试验方法
	90号A级	
针入度（25℃，5s，100g）（0.1mm）	80~100	T0604
针入度指数PI	实测	T0604
15℃延度，不小于（cm）	100	T0605
10℃延度，不小于（cm）	30	T0605
软化点（R&B），不小于（℃）	45	T0606
60℃动力黏度，不小于（Pa·s）	140	T0620
闪点，不小于（℃）	260	T0611
蜡含量（蒸馏法），不大于（%）	2.2	T0615

续表

试验项目		技术要求 90号A级	试验方法
密度（15℃）（g/cm^3）		实测记录	T0603
溶解度（%）		99.5	T0607
TFOT（或RTFOT）后	质量变化，不大于（%）	±0.8	T0610
	残留针入度比（25℃），不小于（%）	61	T0604
	残留延度（15℃），不小于（cm）	15	T0605
	残留延度（10℃），不小于（cm）	6	T0605

SBS改性沥青技术要求　　表5-10

试验内容		技术指标	试验方法
针入度（25℃，100g，5s）（0.1mm）		60~80	T0604
针入度指数PI		实测	T0604
延度（5℃，5cm/min）（cm）		≥35	T0605
软化点 $T_{R\&B}$（℃）		≥70	T0606
运动黏度（135℃）（Pa·s）		≥2且≤3	T0625、T0619
闪点（℃）		≥230	T0611
溶解度（%）		≥99	T0607
贮存稳定性离析	顶部、底部软化点差（℃）	≤2.5	T0661
	顶部、底部软化点平均值与原样沥青软化点差（℃）	≤8.0	
弹性恢复25℃（%）		≥75	T0662
RTFOT后残留物	质量变化（%）	±0.8	T0609
	针入度比（25℃）（%）	≥65	T0604
	延度（5℃）（cm）	≥25	T0605

2）在储运、使用及存放过程中有良好的防水措施。

3）改性沥青储存罐中必须设置搅拌设备，使用时改性沥青必须搅拌均匀，贮存时间不得超过保质期（保质期由供应商提供）。经检验确认已经发生离析的改性沥青不得使用于本工程。

4）沥青材料在进场时应附有质量合格证和出厂检验单。

2. 设备要求

（1）拌合设备

1）配备4000型拌合楼，使用年限不得超过5年，拌合楼应安装沥青混合料生产过程动态质量监控器；除尘设备完好，达到环保要求。

2）拌合设备的称量系统需经计量部门进行标定。

3）拌合设备必须有逐盘打印功能，打印出各种材料的用量和沥青混合料拌合量、拌合温度等各种参数，进行沥青混合料生产质量及铺筑厚度的总量检验。

4）拌合设备的回收粉必须采取湿法排放。

5）拌合机二次筛分用的振动筛应符合所拌合的沥青混合料规格的要求，筛孔尺寸应该与拌合的沥青混合料类型相匹配。

（2）摊铺机械

1）每个作业面上要配备的摊铺机使用年限不超过5年，额定功率不小于182kW，摊铺宽度不小于11m，配有非接触式平衡梁，安装长度不小于6m；摊铺加宽作业段时要增加1台自动伸缩式摊铺机。

2）摊铺机上要安装限速器，摊铺时匀速前进。

（3）碾压设备

1）主线工程每个作业面上要配备不少于3台30t以上胶轮压路机、3台13t双钢轮压路机；连接线工程每个作业面上要配备不少于2台30t以上胶轮压路机、2台13t双钢轮压路机。

2）胶轮压路机每个轮胎的充气压力应相同，达到0.55MPa，轮胎四周安装挡风围挡，防止轮胎降温太快。

3）钢轮压路机的喷水装置喷水要雾化，且能自动间隔喷水。

（4）运输设备

1）运输车辆应采用载重量大于20t的自卸车辆，四周用保温材料包裹并固定，上部采取棉被覆盖保温；运输车辆应状况良好，严禁使用漏油、漏水的车辆。

2）每个工作面的运输车辆不少于20辆。

（5）其他设备

装载机、洒水车等其他设备满足施工进度要求。

（6）施工准备

施工前，对沥青拌合楼、摊铺机、压路机等机械设备进行调试，对机械设备的配套情况、技术性能、传感器计量精度等进行认真检查、标定，并得到监理工程师认可后，方可使用。

3. 配合比设计

沥青混合料配合比设计应严格按目标配合比设计、生产配合比设计及生产配合比验证三阶段进行。

（1）沥青稳定级配碎石混合料级配范围（表5-11）

ATB-25 级配范围　　表 5-11

级配类型	通过下列筛孔（mm）的质量百分率（%）												
	31.5	26.5	19.0	16.0	13.2	9.5	4.75	2.36	1.18	0.6	0.3	0.15	0.075
ATB-25	100	90~100	60~80	48~68	42~62	32~52	20~40	15~32	10~25	8~18	5~14	3~10	2~6

（2）下面层沥青混合料级配范围（表 5-12）

沥青混合料 AC-20 工程设计级配范围　　表 5-12

级配	通过下列筛孔（mm）的质量百分率（%）											
	26.5	19.0	16.0	13.2	9.5	4.75	2.36	1.18	0.6	0.3	0.15	0.075
AC-20	100	90~100	78~92	62~80	50~72	26~56	16~44	12~33	8~24	5~17	4~13	3~7

（3）上面层沥青混合料级配范围（表 5-13）

沥青混合料 AC-16 工程设计级配范围　　表 5-13

级配	通过下列筛孔（mm）的质量百分率（%）									
	16.0	13.2	9.5	4.75	2.36	1.18	0.6	0.3	0.15	0.075
AC-16	90~100	76~92	60~80	34~62	20~48	13~36	9~26	7~18	5~14	4~8

（4）沥青混合料级配生产配合比确定后允许波动范围（表 5-14）

沥青混合料级配允许波动范围　　表 5-14

级配	通过下列筛孔（mm）的质量百分率（%）											
	26.5	19.0	16.0	13.2	9.5	4.75	2.36	1.18	0.6	0.3	0.15	0.075
波动范围	±4	±4	±4	±4	±4	±4	±3	±3	±3	±3	±3	±1

作业

年　　月　　日

项目名称	沥青混凝土路面施工		任务名称	沥青混合料的拌合	
班　　级		姓　　名		学　　号	
备注：					

按要求填表：

工序	普通沥青	SBS 沥青	测量部位
沥青加热温度（℃）			
改性沥青制作温度（℃）			
改性沥青加工最高温度（℃）			
集料加热温度（℃）			
混合料出厂温度（℃）			
混合料最高温度（℃）			
混合料运输温度（℃）			
摊铺温度（℃）			
初压开始温度（℃）			
复压最低温度（℃）			
碾压终了温度（℃）			
开放交通温度（℃）			
施工最低温度（℃）			

任务 5.2 沥青混凝土路面施工技术

【教学目标】

1. 掌握沥青混凝土的运输要求；

2. 掌握沥青混凝土路面的摊铺施工要点；

3. 熟悉沥青混凝土路面的碾压设备；

4. 掌握沥青混凝土路面的碾压施工要点；

5. 掌握沥青混凝土路面工作缝处理方法。

码 5-2 沥青混凝土路面面层施工（1）

码 5-3 沥青混凝土路面面层施工（2）

5.2.1 路段设备

机械设备包括运输车（图 5-2）、摊铺机（图 5-3）、压路机（图 5-4）、加油车（图 5-5）、水准仪（图 5-6）、钢钎、钢线、4m 平整尺等。

图 5-2 运输车

图 5-3 摊铺机

图 5-4　压路机

图 5-5　加油车

图 5-6　水准仪

5.2.2　沥青混凝土的运输

（1）使用大吨位的自卸车，至少 5 辆。

（2）自卸车车厢内必须干净，不许有余液，轮胎要干净。

（3）自卸车要平衡装料，以防止粗、细集料离析。

（4）自卸车要用苫布覆盖。

（5）自卸车严禁在路段上急刹车或掉头。

（6）自卸车在离摊铺机 10~30cm 处等待，卸料时应当挂空挡，靠摊铺机推动前进。

（7）温度满足表 5-2 的要求。

5.2.3　沥青混凝土的摊铺整平

（1）气温不低于 10℃。

（2）开工前，提前 0.5~1h 预热熨平板，使其温度大于 100℃。

（3）均匀、缓慢、不间断摊铺。

（4）尽量全幅施工。

（5）尽量减少人工反复整修。

（6）温度满足表 5-2 的要求。

5.2.4 沥青混凝土的碾压

（1）碾压最大厚度不大于 10cm。

（2）压路机钢轮要清洁。

（3）尽可能在高温下碾压，不得低温下反复碾压。

（4）碾压面横向不在同一断面上，要形成阶梯。

（5）压路机不得调头转向，成型后不准将设备停留在路面。

（6）摊铺后，在较高温度时初压，重叠轮迹的 1/3~1/2。初压速度一般控制在 2~3km/h，碾压 1~2 遍；复压速度一般控制在 3~4.5km/h，碾压 4~6 遍；终压速度一般控制在 3~6km/h，碾压不少于 2 遍。

5.2.5 工作缝的处理

1. 纵接缝

将铺完部分留 10~20cm 宽不压，后续摊铺完，作跨缝碾压以消除缝迹。

2. 横接缝

（1）用 4m 直尺找平，将低的部分用彩色粉笔画一条垂直于路线中心的横线，用切割机将低的部分整齐切走，洒粘油层。

（2）熨平板预热，放木垫块、摊铺。

（3）先横向碾压，再纵向碾压成一体。

3. 中途停机的处理

（1）沥青混合料温度不低时，仍继续摊铺，但压路机要尽可能地靠近摊铺机碾压，来料时，选择温度较高的料摊铺，以提高剩余料的温度。

（2）若沥青混合料温度降低量很大，按横接缝处理。

5.2.6 开放交通

沥青混凝土路面摊铺完后自然冷却到地面温度时（最好隔夜）或表面温度低于 50℃后，即可开放交通。

5.2.7 案例——沥青混凝土路面施工

1. 工程概况

（1）工程概况

某工程路基及桥涵起讫桩号为 K772+500~K784+200，长度为 11.7km；路面工程起讫桩号为 K772+500~K796+000，长度为 23.669km（其中有 169m 断链）。A1 合同段途经齐齐哈尔市铁锋区和建华区市郊，以齐泰公路为起点，终点到嫩江东江桥桥头。K772+500~K780+833 为一级路补强层，K780+833~K792+000

码 5-4 沥青混凝土路面面层施工案例

为全幅新线，K792+000~K796+000 为旧路补强层，全线设有四家子、北大营及奈门沁 3 座互通区。

本项目沿线地势平坦，天然河流少，降雨径流不明显；低洼地具有雨期大面积积水形成漫流的特点。沿线地下水埋深一般大于 5m，低洼地带在 2~3m 之间。地表水主要由降雨径流形成。漫岗地质条件较好。

（2）工程描述

1）路基

K772+500~K780+830.011 为利用一级路封闭段，路基宽度为 25.5m，由中央分隔带、路缘带、行车道、硬路肩、土路肩、护坡道等组成，本段无挖方断面，全幅中央分隔带宽 2.0m，路基设计标高为中央分隔带边缘标高，路基边坡坡率为 1：1.5。

K780+833.011~K780+843.011、K794+670~K794+700 两段为 25.5~26.0m 段的路基过渡段。

K780+843.011~K794+670，路基宽度为 26m，由中央分隔带、路缘带、行车道、硬路肩、土路肩、护坡道等组成，本段无挖方断面，全幅中央分隔带宽 2.0m，左侧路缘带宽 0.75m，行车道宽 2×3.75m，硬路肩宽 3m，土路肩宽 0.75m，路拱横破 2%，护坡道 2m，路基设计标高为中央分隔带边缘标高，路基边坡坡率为 1：1.5。

K794+700~K796+000 为旧路帮宽段，路基宽度为 25.5m，由中央分隔带、路缘带、行车道、硬路肩、土路肩、护坡道等组成，本段无挖方断面，全幅中央分隔带宽 2.0m，左侧路缘带宽 0.75m，行车道宽 2×3.75m，硬路肩宽 3m，土路肩宽 0.5m，路拱横破 2%，护坡道 2m，路基设计标高为中央分隔带边缘标高，路基边坡坡率为 1：1.5。

2）路面

新线及利用旧路帮宽一侧路面结构方案见表 5–15。互通匝道路面结构方案见表 5–16。

新线及利用旧路帮宽一侧路面结构方案

（K780+833~K796+000） 表 5–15

上面层	SMA–13 细粒式沥青玛蹄脂碎石 4cm（改性沥青）
黏层	改性乳化沥青
中面层	中粒式沥青混凝土（AC–20）6cm（改性沥青）
黏层	改性乳化沥青
下面层	粗粒式沥青混凝土（AC–25）7cm
封层	同步碎石封层
透层	乳化沥青

互通匝道路面结构方案　　表 5-16

上面层	SMA-13 细粒式沥青玛蹄脂碎石 4cm（改性沥青）
黏层	改性乳化沥青
下面层	粗粒式沥青混凝土（AC-25）7cm
封层	同步碎石封层
透层	乳化沥青

3）交叉

本工程共有四家子、北大营、奈门沁 3 处互通。

（3）主要技术指标

1）公路等级：高速公路。

2）设计速度：一级公路扩建段 100km/h，嫩江大桥及引道段 100km/h，二级公路扩建段及新建段 80km/h。

3）路基宽度：一级公路扩建段 25.5m，嫩江大桥及引道段 26m，二级公路扩建段及新建段 24.5m。

4）行车道宽度：4 × 3.75m。

5）最大纵坡：一级公路扩建段 4%，嫩江大桥及引道段 4%，二级公路扩建段及新建段 5%。

6）停车视距：一级公路扩建段 160m，嫩江大桥及引道段 160m，二级公路扩建段及新建段 110m。

7）设计洪水频率：特大桥 1/300，路基、桥梁及涵洞 1/100。

8）汽车设计荷载：公路 -I 级。

（4）工程量（表 5-17、表 5-18）

主要工程数量表　　表 5-17

序号	工程项目	单位	数量	备注
1	借土填方	m^3	626	曙光天桥
2	5% 水泥稳定砂砾封层	m^2	1430	曙光天桥
3	矩形带盖板边沟	m	960	北大营互通 A 匝道 双河路分离改道
4	种草、铺草皮	m^2	101643	主线、互通、分离、改道
5	预制块安装	m^3	509.57	曙光天桥、双河路分离桥
6	6% 水泥稳定级配砂砾 200mm	m^2	4481	曙光天桥
7	AC-25 粗粒式沥青混凝土 70mm	m^2	52472	K786+000~K788+321
8	AC-20 中粒式改性沥青混凝土 60mm	m^2	52223	K786+000~K788+321
9	SMA-13 细粒式改性沥青玛蹄脂碎石 40mm	m^2	68529	K786+000~K788+321 奈门沁互通

续表

序号	工程项目	单位	数量	备注
10	水泥混凝土面板厚 220mm	m^2	2058	垃圾场分离
11	水泥混凝土面板厚 200mm	m^2	4027	曙光天桥、收费站场区
12	沥青混凝土桥面铺装	m^2	90725.5	嫩江特大桥

机械设备一览表 **表 5–18**

机械设备名称	单位	数量	型号
平地机	台	1	PY200
振动压路机	台	1	22t 以上
胶轮压路机	台	1	XP261
双钢轮压路机	台	2	CC522
双钢轮压路机	台	2	DD–110
挖掘机	台	1	300
推土机	台	1	160
装载机	台	5	ZL50
自卸车	台	20	20t
洒水车	台	2	16t
沥青混凝土拌合站	座	1	4000
水泥混凝土拌合站	座	2	50
沥青混凝土摊铺机	台	1	福格勒 2100
混凝土搅拌机	台	1	JS–250
混凝土运输车	台	7	—
发电机	台	1	75kW
发电机	台	1	50kW
发电机	台	8	30kW
发电机	台	4	12kW

2. 沥青混凝土路面施工方案

（1）沥青面层施工方案

施工准备→测量放样→混合料拌制→运输→摊铺机摊铺、碾压→降温→开放交通。

（2）施工前的准备工作

1）测量及检测

①组织技术人员对设计文件进行熟悉，查对是否齐全，有无遗漏或相互矛盾之处，要查看所设桥涵是否与地形、地貌相符。发现差错或不完善之处，应立即上报监理工程师。

②首先对设计移交的平面导线控制点进行局段复测，各段满足测量精度要求后，进行加密布点，并复核路线中桩、涵位桩、路线边桩等的测量和放样，对路线横断面进行复测。

③其次对沿线水准点进行复测，在闭合差满足测量精度要求的条件下，进行路线中桩高程的测量，根据结构物的设置情况，增设施工用的水准点，并对其定期进行复测，在闭合差满足精度要求的条件下方可使用。

④结构物设置独立的平面控制网，桩位复测精度满足要求后再进行施工；施工控制点经常进行复测，在满足精度要求的条件下继续使用。

2）拌合站的设置

在桩号 K775+700 左 200m 处设沥青混凝土 4000 型拌合站 1 座（生产能力为 280~320t/h），配备 6 个冷料仓，占地面积为 64000m^2。

3）拌合站场地要求

①拌合站采用铁艺栅门，四周设置排水沟，保证拌合站内排水顺畅；

②拌合站内各材料堆之间设置砖砌隔离墙，保证各种材料之间不混料；

③配备遮雨棚及足够的遮雨彩条布和苫布，保证雨天各种材料不被雨淋；并在相应位置设置通风口保证通风，防止受潮变质；

④各材料场地采用 4% 水泥稳定砂砾进行硬化，规划合理、平整、坚实、清洁，道路坚实；

⑤材料按规格型号合理存储，规则有序，码放整齐，标识清晰、准确；

⑥施工布局合理，生产有序；

⑦场内安全标识及设施齐全、规范；

⑧场内宣传标语美观大方，彩旗整齐，有气氛；

⑨拌合站内设置垃圾箱，并安排保洁员负责拌合站内及周边环境卫生，做好环保，确保不影响周边居民生活。

3. 沥青混凝土路面施工方法

（1）透层施工

1）准备工作

①材料准备

采用乳化沥青进行透层施工，规格与质量符合《公路沥青路面施工技术规范》JTG F40—2004 中相关的要求。

②设备准备

A. 洒布车：采用专用洒布车洒布乳化沥青。

B. 压路机：采用钢轮压路机与轮胎钢轮压路机联合进行碾压。

C. 配森林灭火机 5 台、集料洒布机 1 台。

③透层施工

A. 施工前，首先组织清扫工作面上细砂，草屑、泥土等附着物，然后用人工配合森林灭火机将水稳碎石基层顶面清扫干净，局部用水冲洗，达到工作面整洁、无尘埃，在洒布前用水车将下承层表面润湿，并保持适宜湿度。

B. 气候条件：气温不应低于 10℃，且是稳定上升的温度。风速适度，遇大风、浓雾或雨天不施工。

C. 乳化沥青洒布：沥青洒布车 1 台，按测定的速度及洒布量进行洒布。洒布乳化沥青，浓度不低于 50%，用量为 1.0~1.5L/m^2。喷洒区附近的结构物和树木表面应加以保护，以免溅上沥青受到污染。

D. 质量检查和验收：对透层进行透水性、洒布量、渗入深度等各项指标的测定。

（2）黏层施工工艺及方法

①黏层施工：黏层采用改性乳化沥青，在铺筑沥青混凝土前 24h 内洒布完成，用塑料薄膜对桥涵等构造物进行覆盖，以防止构造物污染。

②黏层沥青采用沥青洒布车喷洒，喷洒方法及要求同透层。

③待沥青破乳，水分蒸发后，立即铺筑沥青混合料。

④施工中应注意事项

A. 新建沥青层黏层洒布用量为 0.3~0.6L/m^2；水泥混凝土路面黏层沥青采用喷洒型 SBS 改性乳化沥青（代号 PCR），洒布用量为 0.3~0.5L/m^2。

B. 黏层沥青应均匀洒布。

C. 洒布前清扫路面脏物尘土，用水刷净，待表面干燥后洒布。

D. 洒布黏层沥青后严禁非施工车辆、行人通过。

（3）同步碎石封层施工工艺及方法

①喷洒封层沥青：待透层沥青完全破乳，凝结不粘轮胎，即可用智能型沥青同步碎石洒布车喷洒热沥青，数量按纯沥青量 1.0~1.2kg/m^2 计，同步撒布 5~15mm 集料，数量按 3~5m^3/1000m^2 计。

②两车喷洒接茬处应用建筑用纸铺 1~1.5m，使搭接良好，不重叠洒布。

③封层碾压：集料撒布后即用轮胎压路机均匀碾压 2~3 遍，每次碾压重叠轮宽的 1/3，要求碾压到边，确保有效压实宽度。碾压顺序由路肩侧到中分带侧。

④养生：碾压完毕后封闭交通，通过试验段确定养生时间。养生完成后方可开放交通。

⑤注意事项

A. 洒布热沥青和撒布集料应做到均匀，在洒布乳化沥青前和洒布完成后洒布车均应在监理工程师旁站下过秤，计算出洒布量。同现场洒布面积对比，校核施工洒布量。

B. 沥青路面同步碎石封层在正式施工前应按以上要求做好试铺路段，按 0.2kg/m^2 间隔分段洒布。等质量检查合格后，写好试铺总结，确定洒布量和洒布方式，经批准后才能正式施工。

C. 必须待透层沥青完全破乳，凝结不粘轮胎，才可进行同步碎石施工。透层施工与同步碎石施工时间间隔不宜过长，防止因路面污染影响两层间的衔接。

D. 应对道路人工构造物、路缘石等外露部分做防污染遮盖。

⑥透、封层质量检查

沥青路面透、封层施工阶段的质量检查项目及检验标准见表 5-19。

透、封层质量检查项目及检验标准　　　　表 5-19

项目	检查频率	质量要求或允许误差	试验方法
洒布量	每半天 1 次	大于设定值的 90%	称定面积收取的沥青量和总量控制
集料量	每半天 1 次	在规定范围内	用集料总量与撒布面积算得
渗水试验	1 处 /1000m^2	渗水量＜ 5mL/min	用渗水仪，每处 2 点
刹车试验	1 处 /1000m^2（仅试铺段做刹车试验）	沥青层不破裂	7d 后用 BZZ-60 标准汽车以 50km/h 车速急刹
外观检查	随时全面	外观均匀一致，用硬物刮开下封层观察，与基层表面牢固粘结，不起皮，无油包和基层外露等现象，无多余乳化沥青	

（4）普通沥青混凝土路面施工

1）施工前准备工作

①在材料进厂前对碎石的各项指标进行检验，并报监理工程师审批，碎石进厂严格按设计平面图布置备料，材料全部码放整齐并隔离，界限清楚，对石料等用油布覆盖。

②沥青在进场前实现一车一检，对沥青的各项技术指标进行抽检，抽检合格后方可卸车。

③在开工前完成沥青混凝土试验室目标配合比组成设计，并报监理工程师审批，审批合格后在开工前进行生产配合比验证。

④编制详细的路面施工方案，在开工前报监理工程师审批。方案中说明材料的采购方式、备料数量、施工方法、施工计划及质量保证措施、人员及机械的配备、计划完成保证措施等。

⑤工作面修整：检查下承层质量，经监理工程师检查合格后方可进行摊铺。

2）沥青混合料的拌合

沥青拌合楼装有温度检测系统及保温的成品贮料仓、二次除尘设施、配合比打印装置及外掺剂添加设备等（同时具备储存 500t 沥青的能力）、冷料仓 6 个、热料仓 5 个、粉仓 2 个。

①采用大功率拌合机拌合，拌合时沥青加热温度控制在 150~160℃，矿料温度控制在 170~180℃。

②拌合时间以混合料拌合均匀，所有矿料颗粒全部裹覆沥青结合料为度。

③混合料出厂温度控制在 150~160℃。

④现场设专职检测人员检测每车混合料的出厂温度，并检查混合料的外观质量，不符合要求的混合料坚决杜绝出厂。

3）沥青混合料的运输

①采用大吨位的运输车运输热拌沥青混合料，运输车采用干净有金属底板的自卸槽斗车辆，保持运力充足，每台摊铺机前至少有5台车等待卸料，保证摊铺机连续不停机。

②每一车料分三次装，每装一次汽车移动一下位置，防止混合料离析。

③为防止混合料粘车，装车前在车箱内洒一薄层隔离剂，以防粘车，严禁使用纯油制品。每台料车均配备苫布，出厂前覆盖，防止污染和温度损失。

4）沥青混合料的摊铺

①铺筑沥青混合料前，申请监理工程师检查验收下承层质量，合格批准后进行沥青混凝土铺筑。

②热拌沥青混合料采用2台具有自动找平装置，夯实功率大的摊铺机联合摊铺整个半幅路面，2台摊铺机前后的距离一般为10~20m。前后2台摊铺机轨道重叠30~60mm。摊铺速度由试验段确定。上下层的搭接位置错开1m以上。

③沥青混凝土找平层和下面层采用两侧钢丝线引导控制标高，中面层采用非接触式平衡梁。

（5）沥青混合料的碾压

1）碾压过程中遵循“程序碾压、适时碾压、先静后振、直进直出、分段碾压、打斜抹平”的原则。

2）施工中采用大功率振动（双钢轮）压路机和大吨位胶轮压路机的组合方式进行碾压。

3）沥青混合料的压实符合以下要求：

①初压在混合料摊铺后较高温度下进行，即摊铺混合料后立即碾压，采取高温碾压，这样有利于提高压实度和控制平整度，为提高路面的压实度，初压采用振动压路机静压2~3遍；

②沥青混合料的复压紧接在初压之后，复压采用大吨位双钢轮双振动压路机，振压3~5遍达到要求的密实度，表面无显著轮迹，在摊铺作业面上要求压路机连续碾压不停机；

③终压采用胶轮压路机碾压4~6遍，碾压终了温度控制在75℃以上；

④碾压时设专人负责边部的整修工作，保证边部平整、密实、不透水。

（6）横向接缝处理

横向接缝采用平接缝法，要求如下：

1）在每天施工结束后做横向施工缝，在预定摊铺段的末端先铺上一薄层砂带再摊铺混合料，待混合料冷却后用4m直尺找平，将砂带部分和不合格的部分（1m以上）用彩色粉笔画一条垂直于路中心的横线，人工刨除，第二天施工时在施工缝处涂抹黏层油。

2）接缝时，摊铺机的熨平板放在已铺完的路段，距横缝 5~10cm，并在下面按松方系数垫两块钢板条，用熨平板和热料对横缝熨平 4~5min。

3）在熨烫好的横缝附近用风力灭火机清除大颗粒杂物和浮料，用振动压路机从低处向高处错轮 20cm，先碾压横缝约 10m 长，再向前碾压。初压后再用 4m 直尺检查，若有麻面可用细筛筛出热料中的细颗粒料填补找平，然后用振动压路机横向从已完成路面向新路面以 15~20cm 宽碾压，待压路机全部压在新路面上，再纵向碾压。

5.2.8 作业指导书——沥青混凝土面层施工

1. 原材料的选择

（1）乳化沥青：沥青混凝土混合料路面施工前在基层表面喷洒乳化沥青，透层油采用优质乳化沥青，技术指标见表 5-20，施工时每车自检一次，并留样备查，试验检测项目：筛上残留物、蒸发残留物 [残留分含量、溶解度、针入度（25℃）、延度（15℃）]、破乳速度与粗集料的黏附性指标。监理每车抽检一次，检测项目同上；在正常的检测频率外，发现乳化沥青质量有异常时，加大检测频率，检测全部试验项目，不合格的乳化沥青坚决不允许使用，加工乳化沥青的机质沥青含蜡量（蒸馏法）、闪点、溶解度、密度（15℃）必须符合《公路沥青路面施工技术规范》JTG F40—2004 中道路石油沥青技术要求。

（2）基质沥青：下封层采用 A 级 90 号石油沥青，技术标准符合表 5-21 的技术要求。

（3）集料：下封层用集料规格采用 S12，公称粒径为 4.75~9.5mm。碎石加工筛孔尺寸大于 6mm 小于 11mm。技术指标满足沥青面层用碎石要求。

透层乳化沥青（PC—2 ）质量要求　　表 5-20

试验项目		质量要求	试验方法
沥青标准黏度，$C_{25,3}$（s）		8~20	T0621
恩格拉黏度，E25		1~6	T0622
破乳速度		慢裂	T0658
粒子电荷		阳离子（+）	T0653
筛上剩余物试验，（1.18mm 筛），%		≤ 0.1	T0652
与矿料黏附性试验		≥ 2/3	T0654
储存稳定性，1d，%		≤ 1	T0655
储存稳定性，5d，%		≤ 5	T0655
蒸发残留物性能试验	蒸发残留物含量，%	≥ 50	T0651
	针入度，25 ℃，100 g，5s.dmm	50~300	T0604
	溶解度，%	≥ 97.5	T0607
	延度，15℃，5cm/min，cm	≥ 40	T0605

下封层沥青技术指标 表 5-21

检验项目		技术要求
针入度（25℃，100g，5s）(0.1mm)		80~100
针入度指数 PI		−1.5~+1.0
软化点（环球法）(℃)，不小于		45
动力黏度（绝对黏度，60℃）(Pa·s)，不小于		160
延度（5cm/mim，10℃）(cm)，不小于		30
延度（5cm/mim，15℃）(cm)，不小于		100
含蜡量（蒸馏法）(%)，不大于		2.2
闪点（COC）(℃)，不小于		245
溶解度（三氯乙烯）(%)，不小于		99.5
薄膜加热试验 163℃，5h	质量变化（%），不大于	±0.8
	针入度比（%），不小于	57
	残留延度（10℃）(cm)，不小于	8
	延度（15℃）(cm)，不小于	20
密度（15℃）(g/cm^3)		实测

2. 施工机械及检测设备

（1）施工机械

智能型沥青洒布车（SX5190GLQ、SX5260GLQ 或 SX5320GLQ 型）；

同步碎石洒布车，沥青载量不小于 6t，碎石载量不小于 $10m^3$；

不小于 25t 的轮胎压路机；

6t 以上洒水车 1 台；

装载机 1 台；

森林灭火鼓风机 3 台；

沥青运输车辆 1 台。

（2）检测设备

沥青针入度仪；

沥青延度仪；

沥青软化点仪；

标准筛（方筛孔）；

沥青黏度仪；

路面渗水仪。

3. 透层、封层、黏层施工

透层、封层在基层施工完成、养生大于 3d 并检测合格后再进行洒布施工。

（1）气温低于10℃或大风天气，即将降雨时不得喷洒透层油。

（2）水泥稳定级配碎石基层表面的清扫与冲洗：用3台森林灭火鼓风机将浮灰吹净，使表层集料颗粒部分外露。

（3）喷洒透层乳化沥青：基层表面在潮湿半干状态下，用智能型沥青洒布车喷洒透层乳化沥青，喷洒数量为1.4±0.2L/m^2，渗透深度不得小于3mm。一般喷洒一遍水，提前半天洒水，保证施工质量和效果。

（4）路面下封层施工：待透层沥青完全破乳，凝结不粘轮胎，即可用同步碎石车施工封层，沥青加热温度在155~160℃之间，沥青数量按纯沥青量不小于0.8~1.2L/m^2，集料按75%~85%的覆盖率进行撒布。集料撒布前进行加热除尘做预裹敷，集料预裹敷关键是做好除尘，使沥青均匀裹敷于集料表面，在目测石料表面有均匀的沥青斑点且不黏结成团的前提下，确定合理的沥青用量，下封层集料预裹敷沥青宜按0.3%~0.4%的比例拌制。

（5）沥青洒布车或同步碎石车喷洒沥青时应保持稳定速度和喷洒量，并保持整个洒布宽度喷洒均匀，洒布设备的喷嘴应适用于沥青的稠度，确保能呈雾状，洒油管的高度应使同一地点接受2~3个喷油嘴的沥青，不得出现花白条。

（6）碾压：沥青与石料撒布后，即用轮胎压路机均匀碾压2~3遍，每次碾压重叠轮宽的1/3，不留死角，确保有效压实宽度。由路肩侧到中分带侧依次碾压。

（7）透层和封层施工完成后都必须进行养护，通过试验段确定养护时间，确保乳化沥青完全渗入、破乳，养护完成后尽早铺筑沥青面层，防止工程车辆损坏透层或下封层。

（8）黏层油采用改性乳化沥青PCR，洒布量为0.5~0.7L/m^2。

4. 注意事项

（1）洒布沥青和撒布集料应做到均匀，在洒布沥青前和洒布完成后洒布车均应在监理工程师旁站下过磅，计算出洒布量，同现场洒布面积对比，校核施工洒布量；

（2）乳化沥青的储存罐必须带有内循环系统，做到每日循环罐内乳化沥青一次，监理工程师负责检查循环情况。

（3）沥青路面透、封层在正式施工前应按以上要求做好试铺路段，等质量检查合格后，写好试铺总结，确定洒布量和洒布方式。经监理工程师批准后才能正式施工。

（4）冲洗基层表面的水分必须达到潮湿半干状态后才可喷洒透层沥青。

（5）透层油出现花白遗漏现象应人工进行补洒，透层油洒布后不得在表面形成能被运料车和摊铺机粘起的油皮。

（6）喷洒沥青或乳化沥青时应对道路人工构造物、路缘石等外露部分做防污染遮盖。

（7）桥头、涵头等位置不适合洒布车施工，应采用人工洒布。

（8）沥青路面透、封层施工阶段的质量检查方法及检验标准见表5-19。

5.2.9 作业指导书——沥青混合料面层施工

1. 施工准备工作

（1）热拌站场地建设要求

沥青拌合站的存料场和拌合场占地面积不得小于 15000m^2，标准硬化面积不得小于设计文件的规定。硬化后的场地应保证在使用期间不破坏和不发生明显沉陷；拌合场地应规划合理、平整、坚实、清洁。细集料必须进行覆盖，矿粉存储首先应做 30cm 厚具有吸潮功能的白灰土基础，搭设枕木，再加铺两层油毡纸，用大棚薄膜和彩条布双层覆盖，防止出现矿粉受潮后不能正常使用；拌合场内应具备完善的排水设施，并应注意环保工作。场内道路及拌合站至施工道路必须有专人及时维护，保证混合料运输车辆安全通行。

拌合站各料堆之间采用 50cm 以上宽度、100cm 以上高度的分隔墙，以避免发生混料现象，隔墙前后必须设置醒目的标识牌，标明材料名称、规格、产地、用途、数量、试验状态、材料负责人。靠近运输道路一侧的料堆必须采取防尘措施，以避免集料污染。

热拌站必须设置回收废粉的集中堆放场地，避免产生环境污染，该收集处应经监理工程师验收合格后方可使用，必须满足环保要求。在高压、高温的设备处应设置安全警告标识和设备操作规程，有专人巡视安全，做好安全工作，热拌站必须配有 2 台以上大型手推式灭火器，6 台以上中型灭火器。

（2）施工机械设备配备要求

沥青混凝土混合料拌合设备、摊铺设备、压实设备必须及时组织进场，应满足投标文件承诺和商务谈判中的数量要求，并满足实际施工生产需要。设备进场后做好保养、调试运转工作，保证设备在施工期间的完好率，并有使用预案。所有设备在分项工程开工前完成保养、调试工作。

热拌站采用间歇式沥青混合料拌合机，单台不低于 3000 型，拌合机的计量系统、控温系统及沥青加入量系统、矿粉定量给料系统必须通过严格的标定校核，计量检定部门必须出具合格证书，空气压缩罐使用前必须进行安全标定，并出具合格证书。

拌合站由计算机系统控制全部生产过程，混合料拌合机必须配有计算机自动打印设备，能逐盘打印集料和沥青的加热温度、混合料的温度、材料用量和每盘混合料的质量等，打印原始数据，存档一份，工程交工时作为原始记录永久保存。

热拌站冷料仓不少于 5 个（满足冷料规格要求），并与配合比中集料规格的数量保持一致。为了保证集料的混合料连续生产，不出现停工待料现象，冷料仓上必须加设防雨棚，细集料冷料仓设置振动筛。拌合机冷料仓料斗隔板应适当加高，避免不同规格集料发生串料现象。

拌合站宜安装总容量不小于300t的沥青储存罐（为了防止改性沥青在储存过程中发生离析现象，成品改性沥青储藏罐必须安装搅拌装置）。

除尘装置应具有二级除尘设备，废弃的粉尘一律不准回收利用，为杜绝使用废粉，通到拌合系统的粉尘回收管应封闭或拆除，并定期检查及清理除尘管道和布袋，以防堵塞。将除尘器内的回收粉输出管道通到废粉收集处内，集中转运。

热拌站进场后对其技术性能进行全面评估，并提出安全指导意见，要求严格按照图纸进行安装（包括基础的混凝土强度等级及几何尺寸），避免出现失稳、倾覆等安全隐患，安装过程中监理工程师必须跟踪旁站，安装完成后必须请计量监督部门对所有电子秤进行标定，并出具鉴定合格证书。

为保证施工平整度和横坡，要求沥青混凝土混合料面层全幅摊铺施工，每个工作面配备1台沥青混合料摊铺机，摊铺机优先选用性能不低于福格勒-2型或-3型（保证初始压实度不小于80%）新型通轴摊铺机。摊铺机中螺旋送料器上应安装反向叶片，以保证该部位在摊铺时有不少于送料器2/3高度的混合料，摊铺机螺旋布料器前挡板下应加钢挡板，避免挡板离地面过高造成混合料离析。

摊铺机受料斗橡胶挡板损坏时应及时更换，应采用高强度耐热橡胶板。每台摊铺机必须配备非接触式平衡梁。单根长度不小于8m。

沥青混合料每个作业面应配备不小于30t的轮胎压路机2台，13t双驱双钢轮（戴纳派克、九井、宝马）3台。

载重量18t以上的自卸汽车不少于15辆（视运距及拌合站生产能力可以调整）。运输车车厢内板应平滑，配备能覆盖到车厢板上口以下20cm宽度的篷布。

（3）施工技术人员要求

1）拌合站人员配备要求

拌合站站长1人（要求5年以上工作经验）；

拌合站控制室操作员1人（要求3年以上工作经验）；

修理工1人（要求3年以上工作经验）；

监理单位、施工单位试验检测人员各1人，必须持证上岗；

监理单位派驻拌合站监理工程师1人。

2）施工现场人员配备要求

现场工长2人（要求3年以上工作经验）；

测量人员2人；

记录员1人（主要工作为用试锥测试松方厚度和摊铺碾压温度）；

试验检测人员1人（必须持证上岗）；

摊铺设备、压实设备、操作人员数量至少为配备标准的1.5倍；

监理单位配备施工现场监理工程师1人（持有道路专业资格），试验检测员1人（持证上岗）。

2. 沥青混凝土混合料路面施工

（1）施工前下承层处理

新建基层或铣刨后的基层表面应清扫洁净，无浮尘、无松动颗粒，大于 5mm 的裂缝应采用不膨胀材料填缝。

每个作业面必须配备 1 台山猫清扫机和 4 台以上大功率森林灭火机，在基层养生期或铣刨工作结束后，立即对基层顶面进行全面清扫。清扫后的基层顶面必须确保浮粒清除干净、无浮浆。

（2）粗集料

沥青混凝土混合料所用碎石选用反击式破碎机生产的碎石，集料应干燥、洁净、无风化、无杂质，粒径大于 2.36mm，应具备良好的抗压、耐磨耗性能，严格控制针片状颗粒含量，以确保粗集料的质量。集料质量应从源头抓起，派专人进驻石场，在碎石加工过程中严格控制母岩质量，不得使用风化和开孔孔隙较多的母岩加工碎石，不合格的集料不得装车。其技术指标应满足沥青混合料用粗集料质量技术要求（表 5–22）。

沥青混合料用粗集料质量技术要求 表 5–22

指标	单位	高速、一级公路	其他等级公路
石料压碎值，不大于	%	26	30
洛杉矶磨耗损失，不大于	%	28	35
表观相对密度，不小于	—	2.60	2.45
吸水率，不大于	%	2.0	3.0
对沥青的黏附性，不小于	—	4 级	3 级
坚固性，不大于	%	12	—
针片状颗粒含量（混合料），不大于 其中粒径大于 9.5mm，不大于 其中粒径小于 9.5mm，不大于	% % %	15 12 18	20 — —
水洗法小于 0.075mm 颗粒含量，不大于	%	1	1
软石含量，不大于	%	3	5
石料磨光值，不小于	—	40	—

碎石级配应满足沥青混合料用粗集料规格要求（表 5–23）。

沥青混合料用粗集料规格 表 5–23

规格名称	公称粒径（mm）	通过下列筛孔（mm）的质量百分率（%）								
		37.5	31.5	26.5	19.0	13.2	9.5	4.75	2.36	0.6
S6	15~30	100	90~100	—	—	0~15	—	0~5		
S7	10~30	100	90~100	—	—	—	0~15	0~5		

续表

规格名称	公称粒径（mm）	通过下列筛孔（mm）的质量百分率（%）								
		37.5	31.5	26.5	19.0	13.2	9.5	4.75	2.36	0.6
S8	10~25		100	90~100	—	0~15	—	0~5		
S9	10~20			100	90~100	—	0~15	0~5		
S10	10~15				100	90~100	0~15	0~5		
S11	5~15				100	90~100	40~70	0~15	0~5	
S12	5~10					100	90~100	0~15	0~5	
S13	3~10					100	90~100	40~70	0~20	0~5
S14	3~5						100	90~100	0~15	0~3

（3）沥青混凝土集料加工规格

1）下面层集料加工规格：0~3mm，3~6mm，6~11mm，11~19mm，19~28mm；

2）上面层集料加工规格：0~3mm，3~6mm，6~11mm，11~19mm；

3）破碎机振动筛的筛孔尺寸建议为3mm，6mm，11mm，19mm，28mm。

（4）细集料

细集料应洁净、干燥、无风化、无杂质，并有适当的颗粒级配，其质量应符合沥青混合料用细集料质量要求（表5–24），颗粒级配应符合沥青混合料用机制砂或石屑规格要求（表5–25）。细集料的洁净程度，石屑和机制砂以砂当量表示。

沥青混合料用细集料质量要求 表5–24

项目	单位	高速公路	其他公路	试验方法
表观相对密度，不小于	—	2.50	2.45	T0328
坚固性（大于0.3mm部分），不小于	%	12	—	T0340
砂当量，不小于	%	60	50	T0334
亚甲蓝值，不大于	g/kg	25	—	T0349
棱角性（流动时间），不小于	s	30	—	T0345

沥青混合料用机制砂或石屑规格　　表 5-25

规格	公称粒径（mm）	水洗法通过各筛孔的质量百分率（%）							
		9.5	4.75	2.36	1.18	0.6	0.3	0.15	0.075
S15	0~5	100	90~100	60~90	40~75	20~55	7~40	2~20	0~10
S16	0~3	—	100	80~100	50~80	25~60	8~45	0~25	0~12

（5）填料

沥青混合料矿粉应采用石灰岩或岩浆岩中的强基性岩石等憎水性石料经磨细得到的矿粉，原石料中的泥土杂质应除净。矿粉应干燥、洁净，能自由地从矿粉仓流出，其质量应符合沥青混合料用矿粉质量要求（表 5-26）。

沥青混合料用矿粉质量要求　　表 5-26

项目	单位	一级	二级
表观密度，不小于	t/m^3	2.50	2.45
含水量，不大于	%	1	1
颗粒范围小于 0.6mm 小于 0.15mm 小于 0.075mm	% % %	100 90~100 75~100	100 90~100 70~100
外观	—	无团粒结块	—
亲水系数	—	＜1	＜1
塑性指数	—	＜4	＜4
加热安定性	—	实测记录	实测记录

（6）混合料合成级配

沥青混合料矿料合成级配应符合表 5-27~ 表 5-30 及图 5-7 规定的级配范围。

沥青混凝土面层的级配、材料规格　　表 5-27

级配类型	通过下列筛孔（方孔筛，mm）的质量百分率												
	31.5	26.5	19.0	16.0	13.2	9.5	4.75	2.36	1.18	0.6	0.3	0.15	0.075
AC-16	100	100	100	90~100	76~92	60~80	34~62	20~48	13~36	9~26	7~18	5~14	4~8
AC-20	100	100	90~100	78~92	62~80	50~72	26~56	16~44	12~33	8~24	5~17	4~13	3~7

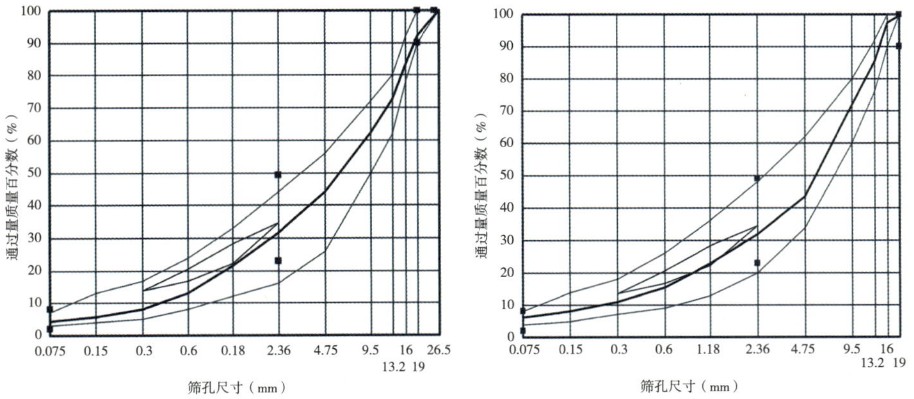

（a） （b）

图 5-7 沥青混合料级配曲线

（a）AC-20 级配曲线；（b）AC-16 级配曲线

Superpave 沥青混合料级配限制区（一） 表 5-28

筛孔尺寸（mm）	最大公称尺寸——控制点（mm）					
	26.5		19		16	
	最小	最大	最小	最大	最小	最大
31.5	100	—	—	—	—	—
26.5	90	100	100	—	—	—
19	—	90	90	100	100	—
16	—	—	—	90	95	100
13.2	—	—	—	—	—	90
2.36	19	45	23	49	26	54
0.075	1	7	2	8	2	8

Superpave 沥青混合料级配限制区（二） 表 5-29

筛孔尺寸（mm）	最大公称尺寸——控制点（mm）					
	26.5		19		16	
	最小	最大	最小	最大	最小	最大
4.75	42.7	42.7	—	—	—	—
2.36	28.2	34.2	33.7	33.7	39.1	39.1
1.18	19.8	25.8	21.7	27.7	25.6	31.6
0.6	14.8	18.8	16.2	20.2	19.1	23.1
0.3	12.3	12.3	13.3	13.3	15.5	15.5

密级配沥青混凝土混合料马歇尔试验技术标准　　表 5-30

试验指标		单位	高速公路、一级公路				其他等级公路	行人道路
			夏炎热区（1-1、1-2、1-3、1-4 区）		夏热区及夏凉区（2-1、2-2、2-3、2-4、3-2 区）			
			中轻交通	重载交通	中轻交通	重载交通		
击实次数（双面）		次	75				75	50
试件尺寸		mm	$\phi101.6\times63.5$					
空隙率 VV	深约 90mm 以内	%	3~5	4~6	2~4	3~5	3~6	2~4
	深约 90mm 以下	%	3~6		2~4	3~6	3~6	—
稳定度 MS，不小于		kN	8					5
流值 FL		mm	2~4	1.5~4	2~4.5	2~4	2~4.5	2~5
矿料间隙率 VMA（%），不小于	设计空隙率（%）	相应于以下公称最大粒径（mm）的最小 VMA 及 VFA 技术要求（%）						
		26.5		19	16	13.2	9.5	4.75
	2	10		11	11.5	12	13	15
	3	11		12	12.5	13	14	16
	4	12		13	13.5	14	15	17
	5	13		14	14.5	15	16	18
	6	14		15	15.5	16	17	19
沥青饱和度 VFA（%）		55~70		65~75			70~85	

注：本表适用于公称最大粒径≤ 26.5mm 的密级配沥青混凝土混合料。

（7）结合料（基质沥青、改性沥青）

1）基质沥青

用于面层施工的道路石油沥青，其技术指标要求符合 90 号 A 级道路石油沥青技术指标要求（表 5-31）。

道路石油沥青技术指标　　表 5-31

指标	单位	90 号 A 级
针入度（25℃，5s，100g）	0.1mm	80~100
针入度指数 PI		-1.5~+1.0
软化点（R&B）	℃	≥ 45
60℃动力黏度	Pa·s	≥ 160
10℃延度	cm	≥ 30
15℃延度	cm	≥ 100

续表

指标		单位	90 号 A 级
蜡含量（蒸馏法）		%	≤ 2.2
闪点		℃	≥ 245
溶解度		%	≥ 99.5
密度（15℃）		g/cm^3	实测记录
TFOF（或 RTFOF）后	质量变化	%	≤ ±0.8
	残留针入度比（25℃）	—	≥ 57
	残留延度（10℃）	cm	≥ 8
	残留延度（15℃）	cm	≥ 20

2）改性沥青（必须采用星型改性剂）

改性沥青应采用高分子聚合物（SBS）制作，加工后的改性沥青应符合聚合物改性沥青技术要求（表 5–32）。改性沥青进场后应使用显微镜随时抽检观察研磨的细度和均匀性，其他技术指标应满足聚合物（SBS）改性沥青 I–C 型技术指标。

聚合物（SBS）改性沥青主要技术要求　　　表 5–32

试验项目		单位	要求
针入度（25℃，100g，5s）		0.1mm	60~80
针入度指数 PI			≥ –0.4
延度（5℃，5cm/min）不小于		cm	35
软化点 $T_{R\&B}$，不小于		℃	≥ 60
运动黏度（135℃）		Pa·s	≤ 3
闪点		℃	≥ 230
溶解度		%	≥ 99
离析，软化点差		℃	≤ 2.5
弹性恢复 25℃		%	≥ 70
TFOF 后残留物	质量变化	%	≤ ±1.0
	针入度比（25℃）	%	≥ 65
	延度（5℃）	cm	≥ 20

（8）沥青混合料拌合管理

沥青混合料施工前，须对拌合站进行调试和试拌，在调试和试拌过程中要注意以下事项：

1）导热油脱水时间不得少于 4d，避免沥青温度未达到拌合温度出现沸腾现象。

2）每台热拌站在开工前完成电子秤标定工作。

3）对矿粉定量给料装置、沥青定量给料装置进行标定。

4）对温度计量系统进行标定，并检查动态控制误差。

5）对冷料供给系统进行标定。

6）烘干筒具有全自动温控系统，控制误差小于等于 ±5℃。

7）集料加热必须采用燃烧油加热，不得采用煤加热。热料仓设置全程料位计或高低料位计，机制砂仓配备热电偶式或热电阻式温度传感器。

8）振动筛有较高的筛分效率（大于 90%），其规格与混合料类型相匹配。

9）控制系统必须配置计算机控制系统，在拌合过程中可逐盘采集、打印材料用量、配合比、温度、拌合时间、产量等参数。

10）沥青混合料应拌合均匀，所用矿料颗粒应全部裹覆沥青，并应尽量缩短干拌时间，以减少集料的磨耗。沥青混合料拌合时间根据具体情况经试拌确定，以沥青均匀裹覆集料为度。间歇式拌合机每盘的生产周期不宜少于 50s（其中干拌时间不少于 5s）。混合料存储过程中混合料温降不得大于 10℃，改性沥青混合料的存储时间不宜超过 24h。热拌沥青混合料各工序要求温度见表 5-33。

热拌沥青混合料各工序要求温度（℃）　　表 5-33

序号	施工工序	改性沥青混合料
1	矿料（粗、细集料）加热温度	不低于 195
2	沥青加热温度	不低于 168、不高于 175
3	混合料出料温度	不低于 170
4	混合料运输到现场温度	不低于 165
5	混合料摊铺温度	不低于 160
6	混合料初压温度	不低于 155
7	混合料复压温度	不低于 135
8	混合料终压温度	不低于 100
9	混合料废弃温度	出料时高于 195 运到现场时内部温度低于 130
10	开放交通路表温度	不高于 50
基质沥青各道工序温度以低于改性沥青 10~15℃为最佳温度		

注：拌合站采用红外线测温仪检测温度，施工现场采用带有传感器的温控仪和温度计检测温度。

11）烘干加热应注意的问题

①工作开始时，应用手动控制方式启动烘干筒、点燃燃烧器，这时不要急于上料，待用小火预热筒体 5~10min 后再上料。上料时应逐步增加进料量，根据出料口处测温仪所检测的温度，逐步加大喷油量，逐步增加进料量，直到工作状态稳定再转入自动控制方式。

②工作中遇到突发事故时应立即关掉燃烧器，但烘干筒不要立即停车，因为在高温下钢材的抗弯模量会降低，而此时停车，烘干筒在筒内物料和自身质量的作用下，易使筒体中部产生下挠变形，并且这种变形是难于修复校正的。

③工作结束后，尽管烘干筒内物料已经排空，滚筒也不要立即停车，应继续转动 15min 左右，待筒体冷却后方可停车，否则，筒体易产生下挠变形。

④在空转烘干筒时，引风机应保持继续运转，以便对滚筒进行冷却，待滚筒冷却后再关机。

⑤烘干筒的润滑除了驱动部分外，主要是滚圈下的托轮和水平滚轮的轴承，应按照要求及时予以润滑。但切忌将润滑脂涂抹在托轮表面。

12）沥青混凝土混合料生产注意事项

沥青混凝土混合料在生产过程中，应仔细进行目测检查，重点关注下列问题：

①如料车装载的混合料中冒黄烟，往往表明混合料温度过高。

②如果混合料车中容易塌平（不易堆积），可能是沥青用量过大或矿料温度过高。

③如运料车上的沥青混合料能够堆积很高，则说明沥青混合料温度过低或沥青用量过低。

④如果出现花白料，可能是矿料温度偏低，拌合时间偏短或除尘不理想，无形中造成填料数量偏多，这时，需采取处理措施，或升高集料加热温度，或增加拌合时间，或减少矿粉用量。

⑤沥青混合料枯料：其原因可能是原材料中细集料的含水量过大，造成在烘干筒中当细集料加热温度达到规定值时，粗集料温度过高，石料表面不包覆油膜，这时，需控制集料进入烘干筒之前细集料的含水量，不允许使用含水量大于 7% 的细集料。

⑥拌制的沥青混合料没有光泽，其原因是沥青加热温度偏高，造成沥青老化，这时应根据沥青品种，严格控制沥青加热温度。

⑦混合料颗粒发生明显变化，出现该现象的原因可能是冷料颗料组成发生了较大变化或振动筛网上热料过多，来不及正常筛分就直接进入热料仓，造成热料仓中集料颗粒组成发生较大变化。

（9）沥青混合料运输

1）每个工作面运输车辆不少于 15 辆，应采用大吨位的运料车辆进行运输，在运料车的侧面中部应设高温专用检测孔，孔口距车厢底面约 30cm，卸车前进行温度检测并做好详细的原始记录。运输车厢防黏采用专用隔离剂，不允许使用柴油作为隔离剂。

2）运料车的运力应稍有富余，施工过程中摊铺机前方应有运料车等候，开始摊铺前，等候的运料车数量不少于 5 辆。正常摊铺时，等候的运料车不少于 3 辆。

运料车应在摊铺机前 20~30cm 处停车，不得撞击摊铺机，卸料过程中应挂空挡，靠摊铺机推动前进。

3）运料车应配有篷布覆盖设施，在车厢外侧设拉钩，确保运输时不会吹起，在卸料过程中篷布一直覆盖，直至卸料结束。

4）从热贮料仓向运料车上装料时，应防止粗细集料离析，尽量缩短出料口到车厢的装料距离，每卸一斗混合料应挪动一下汽车位置。

出厂的沥青混合料应逐车用地磅称重，并按现行试验方法测量运料车中沥青混合料的温度，签发一式三份的运料单，一份存拌合厂，一份交摊铺现场，一份交司机。运料车在进入工程现场时，轮胎上不得沾有泥土等杂物，避免污染已铺完的沥青混凝土路面。

5）在摊铺现场应凭运料单收料，并检查沥青混合料的质量，如混合料的颜色是否均匀，有无结团或严重离析现象，温度是否在允许的范围内，如混合料温度过高或过低，应该废弃不用，结块或遭雨淋的混合料也应废弃不用。

（10）沥青混合料摊铺

1）铺筑沥青混合料前，应检查确认下层的质量，当下层质量不符合要求，或未按要求规定洒布透层、黏层、下封层，不得铺筑沥青面层。

2）摊铺机在开始受料前应在料斗内涂刷少量防止黏料用的隔离剂。

3）路面面层施工应在环境温度大于 10℃时进行，且在持续升温的过程中施工，气温低于 10℃时不得进行沥青路面铺筑。

4）沥青混合料摊铺时的温度应满足要求。

5）沥青混合料的松铺系数应根据实际的混合料类型、施工机械和施工工艺等由试验段确定，摊铺过程中应随时检查摊铺层厚度及横坡度，并按有关规定进行校验，不符合要求时应根据铺筑情况及时进行调整，一般沥青混合料的松铺系数为 1.15~1.25。

6）摊铺机应在充分预热熨平板后开始作业，熨平板温度不低于 110℃，不高于 150℃，摊铺沥青混合料应缓慢、均匀、连续不间断。摊铺过程中不得随意变换速度或中途停顿。摊铺速度应根据拌合机产量、施工机械配套情况及摊铺层厚度、宽度确定，摊铺机螺旋布料器应不停顿地转动，料位在高于螺旋的 2/3 位置处稳定，并保证在摊铺机全副宽度断面上不发生离析，当熨平板所需厚度固定后，不得随意调整螺旋分料器的高度，应与材料类型、铺层厚度相适应，应按摊铺材料特性和厚度，调整工作装置的振频和振幅。摊铺速度不小于 1.5m/min，不大于 3.5m/min。

7）用机械摊铺的混合料，不应用人工反复修整局部，当出现横断面不符合要求、构造物接头部分缺料、摊铺带边缘局部缺料、表面明显不平整、局部混合料明显离析、摊铺机后有明显的托痕时，可用人工局部找补或更换混合料。人工找补或更换混合料应在现场技术人员指导下进行，缺陷严重时，应予铲除，并调整摊铺机或改进摊铺工艺，人工找补时，工人不宜站在热混合料表面操作。

8）基层平整度较差时，应采用钢丝引导的高程控制方式进行摊铺混合料。

（11）沥青混合料的压实

1）沥青混合料温度散失快，压实采用 3 加 1 的匹配方式，即 3 台双钢轮压路机，1 台胶轮压路机。

混合料压实分 3 个阶段进行，即初压、复压、终压。碾压施工应遵循“高温、强振、紧跟、慢压”的原则。

初压：1 台双钢轮压路机静压 1~2 遍（一个往返算 1 遍）。

复压：2 台双钢轮压路机各振压 3~4 遍，1 台胶轮压路机各揉搓碾压 6 遍以上。

终压：1 台双钢轮压路机静压 2 遍（表 5–34）。

中下面层碾压方式 表 5–34

碾压阶段	压路机种数数量	碾压方案	碾压工序
初压	1 台双钢轮压路机	静压 1~2 遍	全幅碾压
复压	2 台双钢轮压路机和 1 台胶轮压路机	振压 3~4 遍，揉搓碾压 6 遍以上	全幅碾压
终压	1 台双钢轮压路机	静压 2 遍	全幅碾压

沥青混合料的压实应按初压、复压、终压（包括成型）3 个阶段进行。压路机应以慢而均匀的速度碾压，压路机的碾压速度应符合表 5–35 的规定。

压路机碾压速度（km/h） 表 5–35

压路机类型	初压		复压		终压	
	适宜	最大	适宜	最大	适宜	最大
双钢轮压路机	1.5~2.5	3	2.5~3.5	5	3~5.5	6
胶轮压路机	—	—	3~5	7	—	—
压路机工作状态	静压	静压	振动	振动	静压	静压

2）压路机不得在碾压成型路段上转向、调头、加水或停留，不准刹车制动。压路机启动、停止时必须减速慢行，每个碾压段长度为 30~60m，碾压路线及方向不得随意改变，在当天成型的路面上，不得停放各种机械设备或车辆，不得撒落矿料、油料等杂物。

3）压路机的碾压长度应与摊铺速度相适应，并保证大体稳定，压路机每次由两端折回的位置以阶梯形随摊铺机向前推进，折回处不应在同一断面上，在摊铺机连续摊铺的过程中，压路机不得随意停放。

4）无法压实的部位、构造物接头、拐弯死角、加宽部分地区，应采用振动夯板压实。

5）要对初压、复压、终压段落设置明显标志，便于司机辨认。对松铺厚度、碾压顺序、压路机组合、碾压遍数、碾压速度、碾压温度，应设专人管理和检查，使面层做到既不漏压也不过压。应尽可能地在高温下碾压，相邻碾压带重叠宽度为10~20cm。

6）应向压路机轮上喷洒或涂刷含有隔离剂的水溶液（宜采用植物油，禁止使用对沥青有溶解作用的柴油等）。喷洒应呈雾状，不得漫流，以防混合料温度降低过快，影响压实效果，数量以不黏轮为度。

7）在外界气温较低时，胶轮压路机应在轮胎四周安装棉围裙，确保胶轮压路机在高温下紧跟碾压。如胶轮压路机开始工作时，必须预先到高温碾压区，使轮胎尽快升温。

8）碾压完成后，沥青混凝土面层应达到规定的压实度和平整度要求。

9）压实完成12h后及路表温度降到50℃以下，方能允许施工车辆通行。

（12）注意事项

1）应紧跟摊铺机碾压。

2）折返时应阶梯形停机。

3）应从外向内，从低向高碾压。

4）振动压路机应先起步后起振，先停振后停机。

5）采用间断喷水预防钢轮黏结沥青。

6）对路边缘宜采用小型振动压路机或振动夯板补充碾压。

7）应随时检查压实质量，如有施工裂缝、推移、黏轮、轮迹等，及时采取措施解决。

8）压路机不得在未碾压成型路段转向、调头、加水停留等。

9）6台压路机除加水外，都必须在运行工作。

（13）施工接缝处理

1）横向施工缝宜采用平接缝。在施工前，应跨接缝位置纵向放置6m铝合金尺，以摊铺层与铝合金尺脱离接触处定出接缝位置，用锯缝机割齐后铲除并清洗干净，涂上少量黏层沥青，摊铺机熨平板从接缝处起步摊铺，碾压时用双钢轮压路机进行横向压实，伸入新铺层的宽度宜为15cm，然后每压一遍向新铺混合料移动15~20cm，直至全部在新铺层上为止，再改为纵向碾压，从先铺路面上跨缝逐渐移向新铺面层。

2）由于工作中断或当天工作结束，摊铺材料的末端已经冷却，应做成一道横缝。横缝与铺筑方向大致成直角，严禁用斜接缝。横缝在上下层间不能重叠，至少错开20m，应成一垂直良好的边缘，下次摊铺前应在末端垂直边缘涂刷适量黏层沥青，并注意调整熨平板高度，为碾压留出预留量。

（14）混合料配合比设计

1）沥青混凝土混合料配合比组成设计

为了保证配合比数据准确，起到真正指导施工的作用，进行动态管理，打破以往配合比分三个阶段设计的常规做法，将目标配合比设计阶段、生产配合比设计阶段、生产配合比验证阶段细化为四个阶段；即：理论配合比设计阶段、目标配合比设计阶段、生产配合比设计阶段、生产配合比验证阶段。

2）原材料控制的理论配合比设计阶段

沥青混凝土路面出现早期病害的原因与各种单质材料的质量有直接关系。

所用的面层材料母岩采用岩浆岩类（玄武岩），在确定料源后，碎石加工前，技术服务组人员应对石场进行技术指导，首先对石场进行实地取样、对 SiO_2、CaO、黏附性指标、力学指标、物理常数进行试验，合格后采用定向生产，这样既能保证材料的质量又能保证备料进度，碎石生产时协助对各个石场进行技术支持，首先是确定各档筛孔尺寸及传送皮带的传料距离，对采石场的技术工人进行技术培训。

细集料（机制砂）必须由 9.5~19mm 或 19~26.5mm 碎石加工磨制而成，不得用石屑代替，机制砂加工时在设备下面加配一片 0.15mm 的细筛网，0.075mm 筛孔通过率控制在 5%~10% 之间，避免 0.075mm 的通过率过大，导致配合比组成设计矿粉掺量过低，从而出现有效粉胶比过小，最大弯拉应变指标不合格，沥青混凝土面层投入使用后易造成低温开裂病害。

碎石加工生产后，取样筛分试验进行矿料组成设计，确定各档材料百分比用量，依据矿料组成的百分率进行准确备料，同时取样进行沥青混合料各项指标检测，确定最佳沥青用量检验高温指标（动稳定度试验）、低温指标（小梁弯曲蠕变试验）、水稳定性指标（浸水马歇尔试验）、耐久性指标（冻融劈裂试验），该阶段为理论配合比设计阶段。该阶段主要工作在石场和试验室完成。矿质材料合成级配应满足以下要求：

①掺配后结果满足美国 Superpave 混合料设计体系的要求；

②合成级配曲线避开限制区，通过控制点；

③不得出现驼峰曲线和锯齿形交错现象，拌制出的沥青混凝土混合料应有足够的矿料间隙率，避免沥青混凝土路面投入使用后，出现抗永久变形的能力不足造成的高温病害；

④合成级配根据地区气候条件和交通量，以关键筛孔 4.75mm 通过率为准，采用 C 型粗级配沥青混凝土混合料，关键筛孔通过率应符合现行规范要求；

⑤为了避免沥青混凝土出现高温病害，建议细集料全部采用机制砂；

⑥压实厚度不应小于集料公称最大粒径的 2.5 倍；

⑦ 0.075mm、2.36mm、4.75mm 筛孔的通过率应接近工程设计范围的中间值。

3）冬季备料质量控制的目标配合比设计阶段

为避免混合料出现枯料现象，要求施工单位对进场 3~6mm 的碎石和机制砂进行覆盖，分别堆放，不得混堆，材料进场后按频率对各项指标进行抽检、对冬季备料所有筛分试验结果进行数理统计，取平均值确定级配曲线，现场取代表试样进行目标配合比组成设计，确定相关参数。

4）校验热拌站的生产配合比设计阶段

依据室内目标配合比设计所得试验结果进行生产配合比调试，在生产配合比设计前首先标定冷料仓的流速，根据材料规格确定热料仓的筛孔尺寸，请计量检定部门对热拌站的电子秤进行标定并出具合格证书，标定完成后组织热拌站技术人员对每个热料仓采用铲车接料，逐个校验电子秤的准确性，生产配合比设计时从各个热料仓取样口取料进行筛分试验，确定级配曲线，依据目标配合比的最佳沥青用量、最佳沥青用量 ±0.3% 制备马歇尔试件，检验各项指标，确定生产配合比最佳沥青用量，依据最佳沥青用量检验高温指标（动稳定度试验）、低温指标（小梁弯曲蠕变试验）、水稳定性指标（浸水马歇尔试验）、耐久性指标（冻融劈裂试验）。

5）确定拌合参数及施工工艺的生产配合比验证阶段

因为沥青混合料所用的结合料为改性沥青，黏度大，细集料采用的机制砂摩阻力大，所以要求每盘沥青混凝土混合料拌合时间不少于 50s（其中干拌时间不少于 5s），这样能保证混合料的拌合均匀性，使沥青油膜包裹均匀，能保证连续作业，避免摊铺机停顿重新启动时熨平板下沉影响平整度，为防止出现摊铺离析现象，摊铺机的展板不能随意折合，前车料卸完后快速离去，后车紧跟卸料，能够有效避免摊铺离析现象。

3. 沥青混凝土施工质量管理

为了提高施工管理水平，动态质量管理是重要的手段，能够及早发现影响工程质量的因素，确保工程质量的稳定，减少变异系数。

（1）施工动态管理

要求各个热拌站严格按照生产配合比进行混合料拌合，为了保证各种材料的用量准确性，必须采用自动控制，不得采用手动控制。

级配及沥青含量测定采用燃烧式沥青含量测定仪，和离心式沥青含量测定仪匹配使用，这样能快速有效地测定级配和沥青用量，在最短时间之内就能采集试验结果，如果级配发生较大波动时能够及时查找原因，每天各个热拌站至少进行 3 次级配及沥青含量测定，并以 2.36mm 关键筛孔与油石比的变化关系进行判断，以燃烧后筛分结果 2.36mm 通过率作为横坐标，以油石比作为纵坐标，每周试验结果确定后进行一次统计，绘制油石比与 2.36mm 通过率的关系图，要求沥青混合料生产时油石比误差控制在 ±0.3 以内，矿料级配逐盘检测，0.075mm、2.36mm、4.75mm 三个关键筛孔质量误差控制在 ±2% 以内，以保证变异性小、质量稳定，通过质量动态管理及时发现影响质量的因素。

（2）施工控制质量标准（表 5–36）

沥青混凝土面层施工阶段的质量检查标准　　　　表 5–36

项目		检查频度	质量要求或允许差		试验方法
施工温度：沥青混合料出厂温度		每车料 1 次	应符合表 5–33 的规定		温度计测定
运输到现场温度					
初压温度					
碾压终了温度					
矿料级配：与生产设计标准级配的差（%）0.075mm		每台班 1 次	下面层	上面层	拌合厂取样，用燃烧法后的矿料筛分
			± 2	± 2	
小于等于 2.36mm			± 4	± 3	
大于等于 4.75mm			± 5	± 4	
沥青含量（油石比）		每台班 1 次	± 0.3%		拌合厂取样试验
马歇尔试验：稳定度（kN）		每台班 1 次	符合设计要求		拌合厂取样，室内成型试验
流值（0.1mm）					
空隙率（%）					
压实度（%）		每 $2000m^2$ 检查 1 组，逐个试件评定并计算平均值	试验室标准密度的 97% 最大理论密度的 93% 试验段密度的 99%		现场钻孔试验
厚度	每一层次	随时	厚度 50mm 以下　设计值的 5% 厚度 50mm 以上　设计值的 8%		铺筑时随时插入量取
	每一层次	每个施工段	厚度 50mm 以下　–3mm 厚度 50mm 以上　–5mm		每日用混合料数量校核
	总厚度		设计值的 –5%		钻孔检查
	上面层		设计值的 –10%		
平整度（最大间隙）	上面层	随时，接缝处单杆评定	3mm		T0931
	下面层	随时，接缝处单杆评定	3mm		T0931
平整度（标准差）	上面层	连续测定	0.8mm		T0932
	下面层	连续测定	1.0mm		
宽度	有侧石	检测每个断面	± 20mm		T0911
	无侧石	检测每个断面	不小于设计宽度		
纵断面高程		检测每个断面	± 10mm		T0911
横坡度		检测每个断面	± 0.3%		T0911
渗水系数		每 1km 不少于 5 点，每点 3 处取平均值	面层≤ 140mL/min		渗水仪

（3）试验室检测控制要点

1）采取压实度和空隙率双重控制标准

压实度评定以钻芯样为准，取芯后用混合料回填芯洞并予以夯实。压实度和空隙率的计算采用当天的马歇尔标准相对密度和最大相对理论密度，当天的马歇尔标准相对密度和理论最大相对密度，与配合比设计时的标准相对密度和理论最大相对密度的偏差必须小于 1%。要求上下面层现场压实度不小于试验室标准密度的 97%，实测空隙率应在 3%~5% 范围内，按规范要求频率钻取芯样。

2）厚度检测

①充分利用摊铺过程在线控制，即不断地用插尺插入摊铺层测量松铺厚度。

②在钻孔检测压实度的同时测量厚度并计算平均值和代表值。

③利用每天拌合楼沥青混合料总量与实际铺筑的面积计算平均厚度，进行总量检测。

3）平整度的检测

施工过程中可用 6m 铝合金尺跟踪重点检查摊铺机停机处、接缝处等。施工完毕后用连续式平整度仪测定平整度。面层平整度要求采用连续式平整度仪 100m 标准差的合格标准，下面层不大于 1.0mm，上面层不大于 0.8mm。

4）渗水试验

渗水系数检测应作为常规试验，渗水系数标准为不大于 120mL/min，检测频率为每车道每 100m 测 1 点。

5）抗滑指标检测

①构造深度：上面层施工完第 2 天要对路面的构造深度进行检测，采用人工铺砂法或电动铺砂法进行检测，每千米检测 5 点，检测结果不小于 0.5mm。

②摩擦系数：上面层施工完第 2 天要对路面的摩擦系数进行检测，采用摩擦摆式仪，每千米检测 5 点，检测结果不小于 45BPN。

作业

年　月　日

项目名称	沥青混凝土路面施工		任务名称	沥青混凝土路面施工技术	
班　级		姓　名		学　号	

备注：

一、简答题

沥青混凝土拌合站的机械设备包括哪些？（至少 4 种）

二、单项选择题

沥青混凝土混合料松铺系数应根据混合料种类由（　　）确定。

A. 计算　　B. 经验　　C. 试验　　D. 研究

三、多项选择题

沥青混合料施工应控制（　　）。

A. 沥青加热温度　　B. 摊铺温度　　C. 碾压温度

D. 开放交通温度　　E. 沥青混合料出厂温度

四、判断题

1. 拌合站应选在地域开阔的地方。（　　）
2. 电工必须持证上岗，所有工作人员必须严格按照操作规程操作。（　　）
3. 沥青混合料的生产中，沥青的温度越高越好。（　　）
4. 沥青类路面面层的摊铺不受雨期的影响。（　　）
5. 摊铺后，随即碾压。（　　）
6. 每次碾压横向不在同一断面上要形成阶梯。（　　）
7. 尽可能在高温下碾压，不得低温下反复碾压。（　　）
8. 压路机碾压沥青混凝土的过程中，不得调头转向，成型后，不准将设备停留在上面。（　　）

沥青混凝土路面施工方案

班级：　　　　组别：

项目名称	沥青混凝土路面施工	成员签名	
任务名称	沥青混凝土路面施工技术		

组　　长：
日　　期：

项目 6

水泥混凝土路面施工

【教学目标】

1. 熟悉三辊轴机械设备；
2. 掌握水泥混凝土路面三辊轴施工工艺及要点；
3. 能够编制水泥混凝土路面施工方案；
4. 能够进行水泥混凝土路面的施工。

水泥混凝土路面的施工方法有小型机具摊铺施工方法、三辊轴机组摊铺施工方法、轨道摊铺机摊铺施工方法及滑膜摊铺机摊铺施工方法等。由于三辊轴机组摊铺水泥混凝土的施工方法更适用于规模小、等级不高的道路，且此方法具有费用低的特点，所以被广泛采用。本项目主要介绍三辊轴机组摊铺水泥混凝土路面的施工技术。

码 6–1　三辊轴机组摊铺水泥混凝土路面施工（1）

码 6–2　三辊轴机组摊铺水泥混凝土路面施工（2）

6.1.1　三辊轴机组摊铺水泥混凝土路面施工工艺流程

三辊轴机组摊铺水泥混凝土路面施工工艺流程如图 6–1 所示。

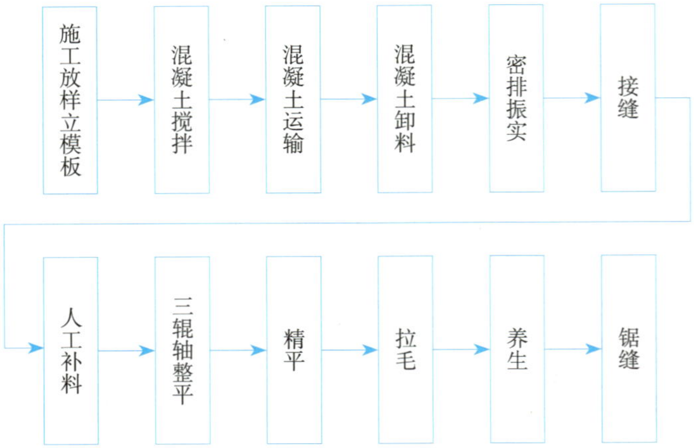

图 6–1　三辊轴机组摊铺水泥混凝土路面施工工艺流程图

6.1.2　三辊轴机组摊铺水泥混凝土路面施工要点

1. 施工放样

如图 6–2 所示，施工放样支立模板前，在基层上进行模板安装及摊铺位置的施工放样，每 10m 布设中桩和边桩；每 100m 布设 1 处临时水准点；核对路面高程、面板分块、胀缝和构造物位置。施工放样的质量要求和允许偏差符合相应测量规范的规定，不能超出模板安装精确度的规定。

2. 模板安装

（1）模板采用刚度足够的槽钢制成；模板的高度应为面板设计厚度；长度以两人能够搬动为准，一般为 3~5m，在小半径弯道可使用小于 3m 的模板；模板的加工精度要满足规范要求；模板侧面按设计要求预留拉杆孔；模板数量应保证 3d 的摊铺施工。

图 6-2　施工放样和模板安装

（2）模板安装的平面位置和高度通过拉线绳进行控制，如图 6-2 所示；模板垂直方向通过垫木楔方法进行调整；底部的空隙用砂浆封堵；模板之间采用螺栓连接，模板的固定采用背部焊接钢筋固定支架，支架间距在 1m 以内，用钢钎固定；模板内侧与混凝土接触表面涂隔离剂。模板安装稳固、顺直、平整、无扭曲，相邻模板连接紧密、平顺，模板底部不得有漏浆、前后错开、高低错台等现象。模板能承受摊铺、振捣、整平等设备的冲击和振动而不变形、无位移。

（3）模板安装完毕后，对平面位置、高程、宽度、顶面平整度等进行检查，检查结果满足规范要求，特别要检查板厚是否满足要求，如果偏厚一点可以直接铺筑；如若略薄，则按纵坡的 1/500 调整来保证面层厚度要求，如偏差过大，则先处理基层，确保面层厚度。

当混凝土抗压强度不小于 8.0MPa 时方可拆模；拆模时不允许采用大锤强击拆模，可使用专用的工具，不能损坏板边、板角和传力杆、拉杆周围的混凝土，同时不能损坏模板；拆下的模板及时清除砂浆等物，并矫正变形和修护局部损坏。

3. 混凝土拌合与运输

混凝土拌合与运输如图 6-3 所示。

4. 卸料及布料

布料前应将其清扫干净，并洒水润湿。必须有专人指挥车辆均匀卸料。在摊铺宽度范围内，宜分多堆卸料，可用人工进行布料。在有条件情况下可配备装载机或挖掘机布料。布料后混合料表面大致平整，不得有明显的凹陷。

图 6-3　混凝土拌合与运输

5. 密排振实

采用排式振捣机（图 6-4）连续振捣时，作业速度宜控制在 4mL/min 以内，振捣速度匀速缓慢，振捣连续不间断地进行，其作业速度以拌合物表面不露粗集料，液化表面不再冒气泡，并泛出水泥浆为准。

图 6-4　排式振捣机

6. 拉杆安装

面板振实后，立即安装纵缝拉杆（图 6-5）。单车道摊铺的混凝土路面，在侧模预留孔中按设计要求插入拉杆。一次摊铺双车道路面时，除在侧模孔中插入拉杆外，在中间纵缝部位，使用拉杆插入机在纵缝处插入拉杆。

图 6-5　拉杆

7. 人工补料

（1）在三辊轴滚压前，振实料位高度宜高于模板顶面 5~20mm。

（2）在滚压后进行观察，混凝土表面过高时采用人工铲除，过低时用混合料补平。

（3）应使表面大致平整，无踩踏和混合料分层离析现象，严禁使用水泥浆找平。

8. 三辊轴整平

（1）作业单元划分

三辊轴整平机按作业单元分段整平，作业单元长度宜为 20~30m，振捣机振实与三辊轴整平两道工序之间的时间间隔不宜超过 15min。

（2）滚压方式与遍数

在一个作业单元长度内，采用前进振动、后退滚压的方式作业，宜分别进行 2~3 遍。滚压遍数与料位高差、坍落度、整平机的质量和振捣强度有关，主要依靠经验和由试铺确定。

（3）料位的高、低控制

在作业时，要有人处理三辊轴前料位的高、低情况，过高时，采用人工铲除，三辊轴下有间隙时，应使用混合料补足。

（4）静辊整平

滚压完成后，将振动辊轴抬离模板，用整平轴前后静滚整平，直到平整度符合要求、表面砂浆厚度均匀为止，静滚遍数一般为 4~8 遍。

（5）表面砂浆控制

表面砂浆厚度宜控制在 4~11mm，振动轴提起向前推移的水泥砂浆，通过人工刮除丢弃，刮除的砂浆不能再用于路面内，上一作业单元的水泥砂浆不得向下一个作业单元推赶。

9. 精平饰面

（1）精平饰面应在整平轴静滚整平后尽快进行，如图 6–6 所示。

（2）精面饰面一般在 25~30℃ · h 时进行，过迟时均匀效果较差。推拉刮尺的速度应均匀。

图 6–6 饰面

（3）第一遍刮尺饰面后留下了浆条，必须进行第二遍刮尺饰面。

（4）第二遍或最后一遍刮尺饰面以不留下明显的浆条为宜。

（5）宜在 1/2 混凝土初凝时间以前（一般为 40~60℃·h）完成。

10. 拉毛

如图 6–7 所示，摊铺完毕或精整平表面后，使用钢支架拖挂 1~3 层叠合麻布、帆布或棉布，洒水湿润后作拉毛处理，如用钢抹修整过的光面，必须再拉毛处理，以恢复细观抗滑构造。

图 6–7　拉毛

11. 切缝施工

（1）锯缝要及时，不能过早也不能过晚。要根据水泥的凝结时间、外加剂类型和气候条件等因素通过实验确定合适的锯缝时间。

（2）首次摊铺的锯缝时间可根据施工温度与施工后时间的乘积 250℃·h 或混凝土抗压强度达到 5~10MPa 来控制，横向缩缝的锯缝时间最长不能超过 24h，纵向缩缝不能超过 48h。

（3）横向缩缝，要求与中线垂直，如图 6–8 所示，间距按设计要求，或者为 5m。若一次摊铺过长，每隔 10~20m 跳切，之后再按 5m 切，以减少断板率。

（4）纵缝切缝尺寸与横缝相同，要求与路线平行，且线形顺直、圆滑。

图 6–8　切缝

12. 养生

（1）混凝土路面铺筑完成，如果采用软拉抗滑构造，制作完毕后立即进行养生。

（2）三辊轴摊铺水泥混凝土路面宜采用喷洒养生剂加覆盖的方式养生。

（3）用养生剂养生应喷洒均匀，成膜厚度足以形成完全封闭水分的薄膜，表面颜色一致。

（4）喷洒养生剂在表面混凝土泌水完毕后进行。

（5）一般养生天数为 14~21d，养生期内严禁开放交通。

13. 硬刻槽施工

（1）硬刻槽使用硬刻槽机，宜在摊铺后约 72h，混凝土不掉边、不掉角的情况下开始，在半个月内完成。

（2）考虑路面需要保养，故一般选在保养 7~11d 后开始刻槽。

（3）槽宽 4~6mm，槽深 3~5mm，采用变间距刻槽，间距 1.6~2.4cm。

（4）刻槽完成后，立即用高压水枪将残余泥浆冲洗干净。

14. 填缝施工

（1）填缝材料一般有常温施工式填缝料、加热施工式填缝料和预制多孔橡胶条制品 3 种。

（2）以常温施工式填缝料为例，填缝前，采用高压水和压缩空气彻底清除接缝中的砂石及其他污染物，确保缝壁内部清洁、干燥。

（3）必要时先用 3~4mm 宽的单锯片补切，把不易冲洗干净的杂物清除出来。

（4）具体要求是缝壁上口无灰尘。

（5）用滚轮将多孔泡沫塑料柔性垫条挤压到规定深度，一般是 20~30mm，保证所灌填的缩缝材料深度均匀、一致。

（6）填缝必须饱满、均匀、连续贯通，与缝壁衔接充分，不开裂、不渗水。

6.1.3 案例——三辊轴机组摊铺水泥混凝土路面面层施工

1. 工程概况

某工程起讫桩号 K33+500~ K70+100，路线长度为 36.6km。

码 6-3 三辊轴机组摊铺水泥混凝土路面施工案例

该区域属大陆性季风气候，气候寒冷而湿润，冬季寒冷漫长，夏季温和短促，年平均气温为 −1.3~0.4℃，极端最高气温为 35.2℃，极端最低气温为 −48.1℃。

年平均降水量在 491~540mm 之间，多集中于 6~8 月，约占全年总降水量的 61%~67%，积雪留存时间长。本项目位于孙吴县境内，无霜期最短，年平均为 96d。

（1）技术标准

该工程属三级公路。

最大纵坡：–5.98%；

桥涵设计荷载：公路 – Ⅲ；

路面宽度（行车道宽度，路肩宽度）：8.5m（2×1.25m 土路肩 +2×3 行车道宽度）。

（2）工程量

水泥混凝土路面板（220mm）：239939m^2。

（3）自然资源

1）筑路材料

沿线筑路材料较丰富，沿线有 6 个中粗砂及砂砾料场，石料场 6 个，所产材料可用于路基、路面及桥涵混凝土工程，运输条件便利，均采用汽车运输。

2）水、电来源

水通过在场地内打井获取，电力资源根据地方线路架设电力设施及辅助发电机获取。

3）采购及运输方式

运输条件较好，外购材料均由火车或汽车运输到项目沿线。

2. 三辊轴机组摊铺水泥混凝土路面面层施工工艺及方法

（1）安装钢模板

安装钢模板是保证线形、平整度、路拱度、纵缝顺直度、板厚度、板宽度等各项技术指标的重要环节，在操作过程中坚持“固、准”的要求。

（2）混凝土拌制

本项目路面工程混凝土，采用强制式搅拌机进行拌制。搅拌第一盘混凝土拌合物前，先用适量的混凝土拌合物搅拌，拌后排弃，然后再按规定的配合比进行搅拌。搅拌机装料顺序为砂、水泥、碎石或碎石、水泥、砂，进料后，边搅拌边加水。混凝土拌合物的搅拌最短时间符合《水泥混凝土路面施工及验收规范》GBJ 97—1987 的规定，其搅拌最长时间不得超过最短时间的 3 倍。

（3）运输、卸料、摊铺混凝土

混凝土拌合物采用自卸汽车运送到铺筑地点进行摊铺、振捣、做面。

自卸汽车抵达铺筑现场后，采用侧向或纵向方式将混凝土混合料直接卸在安装好侧模的路槽内，卸料时，尽可能均匀，如发现有个别离析现象，立即翻拌均匀。

摊铺时，将倾卸在路槽内的混凝土按摊铺厚度均匀地充满在模板范围内，摊铺时严禁抛掷和反复推拉，以防离析。在模板附近摊铺时，用铁锹插捣几下，使灰浆捣出，以免发生蜂窝。

（4）水泥混凝土振捣与成型

首先，采用插入式振动器按顺序插振一次。插入式振动器的移动间距不宜大于其作用半径的1.5倍，其至模板的距离也不应大于振动器作用半径的0.5倍，插点间距要均匀，防止漏振，在振捣时要避免与钢模板和钢筋碰撞。振捣时间以拌合物停止下沉、不再冒气泡并泛出水泥浆为准，不宜过振。

其次，用功率不小于2.2kW的平板振动器全面振捣。振捣时应重叠10~20cm，同一位置不宜少于15s，以不再冒气泡并泛出水泥浆为准。

再则，用振动梁进一步拖拉振实并初步整平。振动时往返拖拉2~3遍，使表面泛浆，并赶出气泡，振动梁移动的速度要缓慢而均匀，前进速度控制在1.5m/min左右。对不平之处辅以人工补填找平，补填时用较细的混合料原浆，严禁用纯砂浆填补。振动梁行进时，不允许中途停留。牵引绳不可过短，以减少振动梁底部的倾斜。振动梁底部应经常校正，保持设计线形。

最后，再用平直的提浆棍进一步滚揉表面，使表面进一步提浆并调匀。

（5）人工精修

精修是保证路面平整度的把关工序。为达到要求的平整度，采取“量”“抹”结合的人工精修方法。

（6）抗滑构造制作

抗滑构造是提高水泥混凝土路面行车安全性的重要措施之一，其制作采用拉毛方式。拉毛时保持纹理均匀、顺直、深度适宜，并控制纹理走向与路面前进方向垂直，相邻板的纹理要相互衔接，横向邻板的纹理要勾通，以利于排水。拉毛以混凝土表面无波纹水迹、混凝土初凝前较为合适，过早和过晚都会影响制作质量。

（7）养生

混凝土板抗滑构造制作完毕，待混凝土凝固后应立即养生，拟采用覆盖旧麻袋、草袋等后洒水的养生方式。一般每天洒水4~6次，但必须保证在任何气候条件下，覆盖物底部在养生期间始终处于潮湿状态，以此确定每天洒水遍数。养生时间根据混凝土强度增长情况而定，一般宜为14~21d。养护期满后方可将覆盖物清除，板面不留痕迹。

（8）切缝

线性顺直，满足设计要求。

作业

年　月　日

项目名称	水泥混凝土路面面层施工		任务名称		
班　级		姓　名		学　号	

备注：

一、单项选择题

1. 水泥混凝土拌合站主要的机械和设备有（　　）。

A. 拌合站　　B. 装载机　　C. 推土机　　D. 发电机

2. 水泥混凝土运输车卸料时，应该做到（　　）。

A. 必须有专人指挥车辆卸料　　B. 不得缺料

C. 拌合料不得高于布料器叶片最高点　　D. 卸料、布料应与摊铺速度相协调

3. 水泥混凝土摊铺过程中，可以进行人工修整的情况有（　　）。

A. 未抹到的边缘、倒边、塌边　　B. 侧向打拉杆时，被划坏的侧边

C. 纵缝人工修整　　D. 任何时候

二、判断题

1. 在滚压后进行观察，混凝土表面过高时人工铲除，过低时用混合料补平。（　　）

2. 滚压后，应使表面大致平整，无踩踏和混合料分层离析现象，严禁使用水泥浆找平。（　　）

3. 振捣速度应匀速缓慢，振捣连续不间断地进行。（　　）

4. 振捣速度以拌合物表面不露出粗集料，液化表面不再冒气泡，并泛出水泥浆为准。（　　）

三、绘图题

画出三辊轴机组摊铺水泥混凝土路面的施工工艺流程图。

主要参考文献

[1] 张艳红，李晓彤．公路施工技术 [M]. 北京：人民交通出版社，2016.

[2] 中华人民共和国交通运输部．公路路基施工技术规范 JTG/T 3610—2019[S]. 北京：人民交通出版社，2019.

[3] 中华人民共和国交通运输部．公路路面基层施工技术细则 JTG/T F20—2015[S]. 北京：人民交通出版社，2015.

[4] 中华人民共和国交通运输部．公路沥青路面施工技术规范 JTG F40—2004[S]. 北京：人民交通出版社，2004.

[5] 中华人民共和国交通运输部．公路水泥混凝土路面施工技术细则 JTG/T F30—2014[S]. 北京：人民交通出版社，2014.